U0663472

城市信息模型（CIM）系列丛书

城市信息模型（CIM）技术研究与应用

《城市信息模型（CIM）技术研究与应用》编委会 ｜ 主编

中国建筑工业出版社

图书在版编目（CIP）数据

城市信息模型（CIM）技术研究与应用/城市信息模型（CIM）技术研究与应用》编委会主编．—北京：中国建筑工业出版社，2022.4（2023.10重印）

（城市信息模型（CIM）系列丛书）

ISBN 978-7-112-27243-3

Ⅰ．①城⋯ Ⅱ．①城⋯ Ⅲ．①城市管理—信息化—研究 Ⅳ．①F292

中国版本图书馆CIP数据核字（2022）第047641号

责任编辑：杜　洁　李玲洁
书籍设计：锋尚设计
责任校对：王　烨

城市信息模型（CIM）系列丛书
城市信息模型（CIM）技术研究与应用
《城市信息模型（CIM）技术研究与应用》编委会　主编

*

中国建筑工业出版社出版、发行（北京海淀三里河路9号）
各地新华书店、建筑书店经销
北京锋尚制版有限公司制版
建工社（河北）印刷有限公司印刷

*

开本：787毫米×1092毫米　1/16　印张：11½　字数：225千字
2022年4月第一版　2023年10月第二次印刷
定价：**48.00**元
ISBN 978-7-112-27243-3
（38858）

丛书编委会

编委会主任：王宏伟
编委会副主任：王保森
委　　　员：于　静　丁　利　王永海　王　洋　陈顺清　赵渺希　曹书兵
　　　　　　娄东军　郑　鹏　周子璐　杨焰文　乔长江　吴元欣　张永刚

本书编委会

主　　　编：王保森
副　主　编：王永海　丁　利　王　洋　许　浩
参　　　编：于　静　王曦晨　曹书兵　乔长江　杜　娟　黎嘉慧　吴兵福
　　　　　　蔡明豪　唐柱鹏　赵　昂　赵渺希　黄晨光　周子璐　杨焰文
　　　　　　郑　鹏　骆建云　黎栋梁　胡振中　熊　文　张卓然　叶　峰
　　　　　　杨　琼　宁晓晴　曾熠宇　罗　茜　刘春超　谢胜波　彭进双
　　　　　　唐伟平　郭源泉　孔宪娟　刘　波　杨莹莹　王　委　冯　川
　　　　　　王彦开　张笑宇　胡雨珂　岑晓璇　赖彦君　罗冠鑫　万　鹏
　　　　　　李　兵　桂峥嵘　林艾嘉　陈胜男　陈元锴　佟　旋　陈　琦
　　　　　　何　叶　林佳瑞　伍　震

主 编 单 位：广州市住房和城乡建设局
参 编 单 位：广州市建设科技中心
　　　　　　广州市住房城乡建设行业监研与研究中心
　　　　　　奥格科技股份有限公司
　　　　　　住房城乡建设部信息中心
　　　　　　中国建筑科学研究院有限公司
　　　　　　亚热带建筑科学国家重点实验室
　　　　　　中国建筑第四工程局有限公司
　　　　　　广州市设计院集团有限公司
　　　　　　北京构力科技有限公司
　　　　　　广州市城市更新规划研究院
　　　　　　广州市规划和自然资源自动化中心
　　　　　　清华大学

前言

　　城市信息模型（City Information Modeling，以下简称CIM）起源于数字孪生（Digital Twin）概念，是以建筑信息模型（Building Information Modeling，以下简称BIM）、地理信息系统（Geographic Information System，以下简称GIS）、物联网（Internet of Things，以下简称IoT）等技术为基础，整合城市地上地下、室内室外、历史现状未来多维多尺度空间数据和物联感知数据，构建起三维数字空间的城市信息有机综合体。其中，GIS实现了城市大尺度区域场景的表达与分析，BIM负责对建筑实体信息的精细化表达，而IoT则实现了城市实时动态信息的感知与传输。CIM为不同信息技术间提供了数据融合、方法集成与功能整合的平台，为不同尺度、不同场景下的城市管理应用提供信息支持。

　　CIM对城市物质空间对象进行数字化表达，并以数字三维模型为载体，关联社会实体、建设行为、监测感知等相关信息。CIM在城市管理中的直接应用，可更直观地对城市运行状态进行描述与表达，并对城市热点事件进行规律分析与预测预警，从而使城市管理各参与方能够更为深刻、有效地理解与应用城市信息，为城市管理向精细化、信息化、智能化方向转型升级提供坚实基础。

　　CIM在城市建设管理领域具有巨大的应用和发展潜力，受到我国政府与行业的高度重视。2018年，住房和城乡建设部在BIM技术应用的基础上提出建设CIM平台的构想，并将北京、广州、南京、厦门、雄安新区等地列为应用试点。自2019年开始，国家有关部委发布了多项指导意见，包括《国务院办公厅关于全面开展工程建设项目审批制度改革的实施意见》（国办发〔2019〕11号）、《住房和城乡建设部等七部委关于加快推进新型城市基础设施建设的意见》（建改发〔2020〕73号）等，提出充分发挥CIM平台在智慧城市建设中的基础支撑作用，全面推进CIM平台的建设与应用，促进建筑产业与城市管理的转型升级。

2021年是CIM技术快速发展的一年。经过试点城市与工程的探索实践，CIM已经在数据管理、平台架构与标准体系建设中积累了一定经验。更多的城市管理部门与企业也将CIM的开发与应用写入日程。为总结CIM在工程实践中的应用经验，促进CIM技术的应用与推广，课题组组织编写了本书，以作为政府与企业开展CIM技术应用的参考资料。

本书从CIM的发展现状、相关技术、平台建设、应用实践与发展趋势四个方面对CIM技术进行全面介绍。发展现状中，首先对CIM的概念进行界定，并介绍了CIM这一概念兴起的社会背景与需求。随后，从技术研究、工程应用与标准建设三个方面，对国内外的CIM基本技术与平台建设情况进行综述。相关技术中，总结了CIM核心技术，包括城市管理各参与方的协同机制，城市数据的融合、管理与可视化，以及基于海量城市信息的智能化技术。平台建设中，总结了CIM平台建设的思路，包括标准体系研究、数据库建设、平台总体架构等。应用实践中，介绍了CIM现行标准体系、CIM基础平台架构以及基于CIM的典型应用案例。最后对CIM的未来进行思考与展望，总结了当前的不足，并展望了发展趋势。智慧城市是未来城市发展的必经之路，CIM平台有望集成多项智慧技术，为智慧城市的发展提供支持。

本书围绕CIM的技术研究与平台建设，融入了CIM应用的实际案例分析，为CIM的研究与应用提供了重要的指导作用。由于作者水平有限，难免有所错漏。如有疏漏及不当之处，敬请广大读者不吝指正。

目录

第一篇　什么是CIM ··· 1

   第1章　CIM发展背景 ··· 3

      1.1　为什么需要CIM ·· 3

      1.2　什么是CIM ·· 4

      1.3　CIM与数字孪生城市 ·· 6

      1.4　为什么做CIM ··· 7

      1.5　我国CIM政策导向 ·· 8

   第2章　CIM发展史 ··· 11

      2.1　国外相关领域发展 ··· 11

      2.2　国内相关领域发展 ··· 17

      2.3　发展分析 ·· 24

第二篇　CIM相关技术 ··· 27

   第3章　CIM核心技术 ·· 28

      3.1　城市信息模型存储技术 ··· 28

      3.2　城市信息模型动态更新技术 ·· 32

      3.3　城市信息模型高效调用与快速表达技术 ······················· 43

      3.4　城市运行的动态感知信息模型技术 ······························ 55

      3.5　城市的场景仿真模拟技术 ··· 60

      3.6　基于BIM的工程建设项目智能辅助审批 ······················· 68

   第4章　其他相关技术 ·· 86

      4.1　物联网技术 ··· 86

　　4.2　新型测绘技术 ································· 86

　　4.3　BIM技术 ··································· 86

　　4.4　5G技术 ··································· 87

　　4.5　移动互联网技术 ······························· 87

　　4.6　大数据技术 ································· 88

　　4.7　人工智能技术 ································ 88

第三篇　CIM如何建设 ······························ 89

第5章　编制CIM标准体系 ························· 90

　　5.1　CIM相关标准研究现状 ························· 90

　　5.2　CIM标准体系建设 ··························· 97

第6章　夯实CIM数据基础 ························· 107

　　6.1　数据分级分类 ······························· 107

　　6.2　数据构成 ································· 112

　　6.3　数据库建设 ································· 115

　　6.4　数据共享交换 ······························· 116

　　6.5　数据更新 ································· 119

第7章　建设CIM基础平台 ························· 120

　　7.1　平台定义 ································· 120

　　7.2　平台定位与要求 ······························· 120

　　7.3　总体架构 ································· 121

　　7.4　核心组成模块 ······························· 122

　　7.5　关键子系统 ································· 125

　　7.6　系统集成 ································· 128

　　7.7　建设模式 ································· 128

第8章　优化CIM协同机制 ························· 130

　　8.1　业务协同机制 ······························· 130

　　8.2　数据协同机制 ······························· 131

　　8.3　决策协同机制 ······························· 131

第四篇　CIM如何应用 133

第9章　CIM近景应用 134

9.1　横向汇聚管理 134

9.2　纵向工程审批 135

9.3　国家、省、市三级CIM基础平台体系 136

9.4　市政基础设施建设和改造 137

9.5　智慧城市与智能网联汽车建设 137

9.6　城市综合管理 138

9.7　推进智慧社区建设 139

9.8　城市综合管理服务平台建设 140

9.9　智能建造与建筑工业化协同发展 140

第10章　CIM远景应用 141

10.1　交通运输领域的应用 141

10.2　水利领域的应用 142

10.3　环境保护领域的应用 143

10.4　消防领域的应用 144

10.5　林业园林领域的应用 145

10.6　应急管理领域的应用 146

10.7　商务领域的应用 147

10.8　教育领域的应用 147

10.9　公共安全领域的应用 148

10.10　工业和信息化领域的应用 149

10.11　在公共卫生领域的应用 150

10.12　文化旅游领域的应用 150

第五篇　CIM的思考与展望 153

第11章　不足与挑战 154

11.1　标准缺失 154

11.2　技术局限 154

11.3　数据安全 155

11.4　应用尚浅 ································· 155

11.5　认知度低 ································· 156

11.6　政策依赖 ································· 156

11.7　保障不足 ································· 157

11.8　人才匮乏 ································· 157

第12章　规划与建议 ····························· 158

12.1　统一完善CIM的行业标准体系 ················· 158

12.2　加大核心技术研发，实现技术的自主可控 ········ 158

12.3　构建一体化的数据安全保障体系，依法保障数据安全 ···· 158

12.4　统一CIM的定义，拓展CIM的应用场景 ········· 159

12.5　强化行业顶层设计，创新体制机制 ············· 159

12.6　加强人才队伍培养，优化产业生态圈 ··········· 160

第13章　趋势与展望 ····························· 161

13.1　智慧城市是城市发展必经之路 ················· 161

13.2　智慧城市带给我们的改变 ···················· 162

13.3　CIM平台支撑智慧城市创新发展 ·············· 164

13.4　CIM全社会应用设想 ······················· 166

参考文献 ································· 167

第一篇
什么是CIM

城市化进程的不断加快，给城市治理和社会治理提出了新的挑战。城市规模的变化使固有的城市治理问题更加突出，传统智慧城市建设无法应对，城市亟须治理方式的革新。

从20世纪90年代开始，中国的城市管理信息化领域引入了GIS技术作为基础工具，并以此提出了城市网格化管理的理念，缓解了城市管理粗放、公共领域缺少管理的局面，取得了良好的效果，极大推进了城市管理精细化和规范化。城市管理者们在城市网络基础上，将城市信息进行业务化分类，为城市信息的融合奠定了基础，并开始探索与建设地理信息共享平台。

2010年前后，城市信息化的概念也由"数字城市"向智慧城市升级，首先是3D GIS技术迅速发展，城市的空间表达由二维向三维化升级，通过3D GIS展现城市立体全貌，提供一个比二维地图更加精细的时空应用支撑。在引入BIM信息后，城市信息管理的粒度从建筑整体延伸到了建筑构件，从而能够构建从城市宏观布局到微观部件的完整全面的城市信息框架，为城市精细化治理提供了数据基础。城市信息关联到精细的三维对象上，为多个行业提供了更加直观与精细的应用场景。在应用维度升级的同时，随着行业应用的深入和信息采集维度的丰富，行业应用逐步由单个应用向跨业务的综合应用发展，应急救援等需要整合多个行业信息的综合业务也可以快速构建，而支撑多行业综合应用的时空信息云平台也成为城市建设的新热点和新方向。新一代信息技术为智慧城市的发展提供创新的驱动力，也是孕育数字孪生城市的技术源泉与数据沃土，实现了对智慧城市建设的赋能，而CIM是智慧城市的机遇和关键。

因此，本篇将从CIM的发展背景入手，在回顾CIM的发展与演化历程的基础上，从CIM对当代城市管理的现实需求出发，介绍CIM平台建设的重要意义。最后，介绍目前中国对于CIM平台建设的政策环境。

第1章　CIM发展背景

从2012年左右，智慧城市理念在我国开始得到普及，到2020年的全球智慧城市大会上，上海和深圳从全球54个国家和地区，450个参评对象中突围而出并夺得重要奖项，中国在智慧城市建设上取得了明显的进步和成效。尽管如此，关于智慧城市的建设和探索仍处在起步阶段。因此本章将从基本的概念切入，结合我国智慧城市与CIM相关的建设背景与需求，梳理相应的政策文件，并介绍国内外智慧城市建设的先进经验及存在的问题。

1.1　为什么需要CIM

1.1.1　从智慧城市建设需要

智慧城市（Smart City）起源于传媒领域，是指利用各种信息技术或创新概念，将城市的系统和服务打通、集成，以提升资源运用的效率，优化城市管理和服务，以及改善市民生活质量。近年来围绕智慧城市建设的研究持续升温，这个曾经看似不可能实现的设想也伴随着技术的发展一步步由理论走向实现。国内各大城市也在不断努力尝试实现信息化、工业化与城镇化深度融合，以解决"大城市病"。其中上海"一网统管"的建设理念无疑是国内智慧城市建设中的佼佼者。

上海自2004年起开始进行网格化管理探索，经过十几年不断发展，成效显著。从网格化城管到全市城市运行的"一网统管"，实现了处置力量再分配、治理层级再拓展、效率能级再提升、考核体系再完善。打通横向部门和纵向层级，将业务"黑盒"变成业务"白盒"，实现全流程数字化端对端管控，并且实现"六个一"：治理要素一张图、互联互通一张网、数据汇聚一个湖、城市大脑一朵云、系统开发一平台、移动应用一门户。去年以来，浦东新区探索将经济治理、社会治理、城市治理的三个平台和相关场景深化整合，推动"一网统管"更好实现"一屏观天下，一网管全域"，建立统筹推进和有机衔接的治理体系。而二维、三维模型的构建，以贴近现实的方式呈现。

1.1.2 "一网统管"建设需要

从上海智慧城市建设经验来看,建成具有国际影响力的超大规模城市公共数字底座在未来城市建设中具有必要性。2020年,上海市人民政府印发的《上海市推进新型基础设施建设行动方案(2020—2022年)》强调了实施一体化融合基础设施("新平台")建设行动。建成1个市大数据资源平台、16个大数据资源分平台,构建若干个数据服务中台和1000个左右数据训练集,建设500个以上服务于"一网通办""一网统管"的行业算法模型,更大范围、更宽领域、更深层次支撑城市治理全方位变革。

随着政务服务"一网通办"的不断推广,未来智慧城市的建设将越来越多的落脚在"一网统管"等城市治理领域。而CIM作为城市公共数字底座,在支撑经济治理、社会治理、城市治理等方面,承担了统筹推进和有机衔接的重要任务。

1.1.3 新时代所带来的新挑战

新冠肺炎疫情的防控需求使得智慧城市建设在2020年以来面临的挑战更加凸显。同时也是中国制度优势的最好印证。由于数据未能充分的纵横向贯通,智能化技术未得到大规模的应用,2020年政府的很多防控措施仍然大量依赖于人力,无法做到精准施策。当下迫切需要动态时空数据支撑、智能技术响应以及互联网等多方数据的全方位融合和协同。

现阶段政府数字化的一个核心思路就是"数据融合"。一方面对于政府这个复杂的体系,数字融合是一件非常困难的事情,而基于"一张图"的融合却是一个比较简单直接的方法,只要将所有的数据进行"空间化",赋予位置,所有的数据就可以放到一个框架中,统一进行管理、计算以及呈现,这是一个很好的"抓手"。另外一方面,BIM的广泛应用使得信息模型的格式精细化、复杂化、参数化与智能化。这样,就产生了智慧城市的信息模型汇聚、整合的问题,可以理解为广义要解决的核心问题,即$1km^2$左右的高精度各类信息模型(特别是BIM)的汇聚、管理与分析。

因此,需要一个载体能够同时实现城市大场景下信息模型的汇聚整合和小场景下各类高精度信息模型的汇聚、管理与分析。

1.2 什么是CIM

简单来说,CIM是具有自身核心技术的三维数字空间中的城市信息有机综合体。CIM是在BIM基础上向城市级进化而来的数字平台与技术，超大规模城市公共数字底座，与国际上的数字孪生城市（Digital Twin Cities）概念类似。

2019年，我国城镇化率达到60.6%，城市发展进入由大规模增量建设转为存量提质改造和结构调整的阶段。随着我国城市规模越来越大，传统城市管理与运维模式已无法支撑未来城市的发展需求。以物联网、信息网络为基础的第四代信息技术（Information and Communications Technology，以下简称ICT）的快速发展为城市管理和社会治理提供了强大的技术支撑。新一代信息技术赋能智慧城市建设，利用数据驱动带动城市治理方式革新已成为当前城市发展和管理的新趋势。各地"城市大脑""城市云脑""领导驾驶舱"等城市信息化项目以及智慧城市平台建设如雨后春笋般展开。但长期以来，智慧城市建设存在基础数据信息缺失、信息共享不畅、数据孤岛现象丛生、平台重复建设等突出问题，导致城市规划、建设、管理各个环节的数据无法融会贯通，业务无法协同联动。信息的实时性提高与智能化程度提升，将推动城市由物理世界向虚拟世界映射，数字驱动实体向着新的发展方向前进。城市信息化形成全要素采集、全专业建模、全生命周期管理、全空间数字化管理、全场景支撑的建设理念，在此背景下，CIM的概念应运而生。

1.2.1 CIM的概念界定

信息模型（Information Model）是一个专有名词，反映现实世界特定领域对象的形式、特性、关系的模式化数据。强调数据集成、资源共享、业务协作与系统优化。因此，与国际上的数字孪生城市（Digital Twin Cities）概念类似，CIM是在BIM基础上向城市级进化而来的数字平台与技术，且已经成为智慧城市/数字城市领域的应用热点与研究前沿。目前，CIM的应用还处于初级阶段。狭义的CIM是以BIM、GIS、IoT等技术为基础，整合城市地上地下、室内室外、历史现状未来等多维多尺度信息模型数据和城市感知数据，构建起三维数字空间的城市信息有机综合体。其中3D GIS实现城市宏观大场景的数字化模拟表达和空间分析，BIM实现对城市细胞级（地上/地下）建筑物的物理设施、功能信息的精准表达，IoT则是渗透进宏大场景与"细胞级"建筑物内外部的神经元网络。CIM作为物理城市在三维数字空间实时全映射的呈现载体和展示窗口，是基于数字孪生的城市信息有机综合体，能实现物理空间和数字空间的双向互动，同时也指收集、整理、存储多源异构信息并在规划、分析、运维中提供决策支持的过程。

城市建设属于复杂巨系统工程，在新一代互联网信息技术不断发展的背景下，超大城市的规划和建设工程涉及BIM、GIS、IoT等多项技术的聚合，在现有的城市建设信息化应用领域，尽管单一技术在各自应用业务方面均取得长足进步，但城市建设效率取决于多尺度、多场景的CIM平台信息联动与整合能力。CIM作为孪生城市空间信息模型，展现了城市的空间维度、时间维度、感知维度；作为信息化的操作系统，为城市智慧化建设、运营、管理提供一种实时协同合作的工具，满足城市发展需求。

1.2.2 CIM的发展演化

CIM脱胎于数字孪生（Digital Twin）概念。数字孪生概念最初于2003年由Grieves教授在美国密歇根大学产品生命周期管理（PLM）课程上提出，早期主要被应用在军工及航空航天领域，如美国空军研究实验室、美国国家航空航天局（NASA）基于数字孪生概念开展了飞行器健康管控应用。

早期的CIM是简单的通过集成BIM和GIS建立的融合，在更大范围内将不同尺度的建筑进行可视化处理。吴志强院士等于2015年在城市智能模型的基础上提出了智能的目标，是指借助人工智能学习、云计算，将IoT技术融入CIM中，将实时信息流反馈到数字模型中，并利用技术手段进行智能化判别与设计，CIM可以对城市未来规划设计提供强有力的技术支撑，以智能模型辅助决策。当今，通信技术将传感器采集的数据实时上传共享，云计算、大数据、区块链、深度学习、人工智能（AI）、虚拟现实（VR）、增强现实（AR）等技术也逐渐应用于CIM中。未来，CIM有望成为空间智能模型（Space Intelligent Modeling，以下简称SIM），辅助国土空间规划改革，对国家不同类别空间进行数字化治理。

1.3 CIM与数字孪生城市

前面提到CIM与国际上的数字孪生城市概念类似，虽然两者均以将传统物理世界在数字世界进行建模和表达为核心表现内容，但随着国内对CIM研究的不断完善，具有明显中国特色的CIM与数字孪生城市的异同界限也逐渐清晰。

二者之间的联系：数字孪生城市强调数据闭环赋能体系。数字孪生通过数字化手段将现实中人、物、事件对应到虚拟世界中，是对物理世界的镜像。物理世界中的人、物和事件完全映射到虚拟世界，通过智能化处理，能够全面监控、掌握实体世界，也能够通过调整数字化了的要素，建立虚拟世界与实体世界的连接，对物理世界形成影响，实体世界和虚拟世界同生共存、虚实交融。这一概念具体包括三个部分：对物理空间的感知和传输、虚拟空间的数字化呈现模型、物理实体和虚拟世界交互。而数字城市概念被提出由来已久，但是将数字孪生城市概念呈现出来，在网络空间中形成镜像化的实体世界，限于技术障碍以及建设理念的偏差，很长一段时间还只是停留在理论、概念和想象当中。如何对数字孪生城市概念进行拓展，丰富其内涵，以创新适宜的方式将其呈现始终难以解决。随着IoT、大数据、人工智能、GIS、BIM等技术应用，这些问题似乎找到了答案，其解决之道在国内便是CIM。

二者之间的差异：CIM概念是对BIM概念的延展，实际是将BIM的作用对象从建筑物（Building）扩大到了城市（City）。相较于数字孪生城市相对独立的概念和理论，CIM将BIM作为一个明确的技术抓手，让理论向实际迈出了重要的一步。总的来说，CIM将BIM的应用从建筑上扩展开来，到达了城市规划、市政路桥等建筑业全领域，相比数字孪生城市，CIM不再只强调理论价值，而更注重城市建设和管理方面的应用。要实现CIM的功能，就不仅仅是BIM技术单独作用可以达到的了，CIM的核心技术涉及BIM、GIS、IoT及其集成技术，它们分别在不同的阶段发挥作用：IoT是数据采集阶段的主要手段，通过城市中成百上千的感知系统来提取底层数据，为模型的建立服务；GIS和BIM则在数据存储中产生作用，通过GIS和BIM的集成，形成一个可视化的信息存储、提取、交流平台。不仅技术路径不同，CIM的推广应用中，我国始终坚持政府主导、企业助力、居民参与的三方合作模式，自上而下，从顶层规划出发进行建设；这与国外的建设思路大相径庭，这样的建设模式对于新技术来说无疑是极好的，利用政府在CIM平台中的领导者地位，由政府来筛选和过滤信息，并且决定CIM平台的功能导向。因此，政府注定是智能城市建设的引导者，也是CIM平台的管理者和使用主体；另外，从实用的角度来说，企业或居民也无需接触城市建设过程中的全部信息，利用整合筛选过的信息大幅度提高建设效率。而这种模式是国外数字孪生城市建设所不具备的。

简而言之，CIM与数字孪生城市的概念类似。核心能力是"虚实融合、以虚控实"，是"在虚拟世界试错、在物理世界执行"，都聚焦于城市运行管理中的模拟仿真。但是在不同"土壤"下，二者走出了两条不同路线，并且在各自的道路上开枝散叶。而前者无疑走上的是具有中国特色的新型智慧城市建设的道路。

1.4　为什么做CIM

2017年党的十九大提出了"两个一百年"奋斗目标的总体要求，科学阐述了当前社会人民日益增长的美好生活需要和不平衡不充分的发展之间的矛盾特征。随着城市规模越来越大，城市系统运作越发复杂、数据资源几何倍增、并行访问需求激增、经济发展与生态保护难以平衡等固有问题的日益突出。超大城市作为城市发展的必然阶段，在增加城市运行和治理的复杂性的同时，也增加了城市管理的困难，具体表现为一系列的"城市病"，如交通拥挤、环境污染、房屋安全和城市内涝等。城市的业务数据存在壁垒、底层平台众多且缺乏关联等问题则增加了城市治理的难度。同时，21世纪以来以IoT、信息网络为基础的第四代信息技术（ICT）的快速发展为智慧城市建设提供了技术支撑和新的方向，利用数据驱动带动城市治理方式的彻底革新已成为当前城市发展和管理的新趋势。CIM理念自2016年在国内被正式提出以来，经过多年的发展，不断升温，已成为新型智慧城市建设的热点，受到政府和业界的高度关注和认同。

在此背景下，传统城市的管理与运维发展模式无法支撑未来城市发展需求，需要建立超大规模城市公共数字底座，构建大量行业算法模型，更大范围、更宽领域、更深层次支持城市治理全方位变革，"新型智慧城市"成为新趋势和必然选择。CIM平台不仅具有城市时空大数据平台的基本功能，更重要的是成为在数字空间刻画城市细节、呈现城市体征、推演未来趋势的综合信息载体。无疑，CIM理念的出现为"新型智慧城市"建设带来了新思路，凭借其全面的信息集成特征，将成为"新型智慧城市"的重要模型基础。

与传统智慧城市相比，CIM技术要素更复杂，不仅覆盖新型测绘、地理信息、语义建模、模拟仿真、智能控制、深度学习、协同计算、虚拟现实等多技术门类，而且对IoT、人工智能、边缘计算等技术提出了新的要求，多技术集成创新需求更加旺盛，ICT的快速发展也为城市治理和社会治理提供了强大的技术支撑。

CIM技术在传统智慧城市建设（物联网平台、大数据平台、共性技术赋能与应用支撑平台）的基础上，增加了二维、三维一体化，地上地下一体化，室内室外一体化的城市全维度、结构化信息模型。该技术的应用不仅可以对城市建构筑物及部件信息进行全生命周期跟踪和分析，也可以对城市运行进行模拟仿真；不仅具有城市时空大数据平台的基本功能，更重要的是成为了在数字空间刻画城市细节、呈现城市体征、推演未来趋势的综合信息载体。CIM技术作为加快建设智慧城市的重要着力点与抓手，为智慧城市的顶层设计提供底层支持。因此，亟须尽快掌握CIM平台建设所涉及的标准体系和核心技术，加强关键技术领域的自主研发，提高国产技术研发能力、相关技术集成创新能力，建设自主可控的智慧城市。

1.5 我国CIM政策导向

2017年12月习近平总书记在主持中共中央政治局就实施国家大数据战略的第二次集体学习时指出，要推动实施国家大数据战略，加快完善数字基础设施，推进数据资源整合和开放共享，保障数据安全，加快建设数字中国。2020年3月习近平总书记赴浙江考察时，在杭州城市大脑运营指挥中心指出，运用大数据、云计算、区块链、人工智能等前沿技术推动城市管理手段、管理模式、管理理念创新，从数字化到智能化再到智慧化，让城市更聪明一些、更智慧一些是推动城市治理体系和治理能力现代化的必由之路，前景广阔。同年，中共中央政治局常务委员会召开会议，中共中央政治局常务委员会会议提出，加快5G网络、数据中心等新型基础设施建设进度。由此可见，利用现代信息技术手段完善数字基础设施建设，提升国家治理现代化水平已成为一项国家战略。CIM广泛融合了新一代信息技术，具有协同性强、模拟效果好、要素信息表达精细等特点，在推动城市治理和实现城市高质量发展方面日益发挥重要作用。本节针对国家以及地方政府层面，梳理了对CIM发展影响较大的相关政策（表1-1），这些政策在推动CIM技术在城市规划建设管理及实现城市高质量发展方面，以及加速推进新型智慧城市建设、全面提升城市空间治理的精细化水平方面均发挥了重要的作用。

近年来国家层面关于CIM的政策文件梳理　　　　　　　　　　表1-1

政策文件	时间	来源	主要相关内容
《关于开展运用BIM系统进行工程建设项目报建并与"多规合一"管理平台衔接试点工作的函》（建规函〔2018〕32号）	2018年3月2日	住房和城乡建设部	广州、厦门列为开展运用BIM系统进行工程建设项目报建并与"多规合一"管理平台衔接的试点城市
《住房和城乡建设部关于开展运用建筑信息模型系统进行工程建设项目审查审批和城市信息模型平台建设试点工作的函》（建城函〔2018〕222号）	2018年11月12日	住房和城乡建设部	北京城市副中心、广州、南京、厦门、雄安新区一同列为运用BIM系统和CIM平台建设的试点城市
《国务院办公厅关于全面开展工程建设项目审批制度改革的实施意见》（国办发〔2019〕11号）	2019年3月13日	国务院办公厅	2018年5月工程建设项目审批制度改革试点开展以来，试点地区按照国务院部署，对工程建设项目审批制度实施了全流程、全覆盖改革，基本形成统一的审批流程、统一的信息数据平台、统一的审批管理体系和统一的监管方式
《关于开展城市信息模型（CIM）平台建设试点工作的函》（建城函〔2018〕222号）	2019年6月28日	住房和城乡建设部	广州、南京市列为CIM平台建设试点城市，试点城市政要以工程建设项目三维电子报建为切入点，在"多规合一"平台基础上，建设具有规划审查、建筑设计方案审查、施工图审查、竣工验收备案等功能的CIM平台

续表

政策文件	时间	来源	主要相关内容
《关于开展城市信息模型（CIM）基础平台建设的指导意见》（建科〔2020〕59号）	2020年7月6日	住房和城乡建设部、工业和信息化部、中央网信办	2021年底前，启动省级CIM基础平台和省会城市、部分中小城市的CIM基础平台建设，助推工程建设项目审批、城市体检、城市安全、城市综合管理等领域信息化应用，初步建成国家、省、市三级CIM基础平台体系
《关于加快推进新型城市基础设施建设的指导意见》（建改发〔2020〕73号）	2020年8月11日	住房和城乡建设部、中央网信办、科技部、工业和信息化部、人力资源和社会保障部、商务部、银保监会	全面推进城市信息模型（CIM）平台建设。深入总结试点经验，在全国各级城市全面推进CIM平台建设，打造智慧城市的基础平台
《关于加快新型建筑工业化发展的若干意见》（建标规〔2020〕8号）	2020年8月28日	住房和城乡建设部、教育部、科技部、工业和信息化部、自然资源部、生态环境部、人民银行、市场监督管理总局、银保监会	试点推进BIM报建审批和施工图BIM审图模式，推进与城市信息模型（CIM）平台的融通联动，提高信息化监管能力，提高建筑行业全产业链资源配置效率
《关于以新业态新模式引领新型消费加快发展的意见》（国办发〔2020〕32号）	2020年9月16日	国务院办公厅	推动车联网部署应用。推动城市信息模型（CIM）基础平台建设，支持城市规划建设管理多场景应用，促进城市基础设施数字化和城市建设数据汇聚
《关于加强地下市政基础设施建设的指导意见》（建城〔2020〕111号）	2020年12月30日	住房和城乡建设部	有条件的地区要将综合管理信息平台与城市信息模型（CIM）基础平台深度融合，与国土空间基础信息平台充分衔接，扩展完善实时监控、模拟仿真、事故预警等功能，逐步实现管理精细化、智能化、科学化
《中华人民共和国国民经济和社会发展第十四个五年规划和2035年远景目标纲要》	2021年3月	十三届全国人大四次会议	完善城市信息模型平台和运行管理服务平台，构建城市数据资源体系，推进城市数据大脑建设。探索建设数字孪生城市

第2章 CIM发展史

CIM是在BIM基础上向城市级进化而来的数字平台与技术，是三维数字空间的城市信息有机综合体。因此在着眼于建筑层面的三维模型的同时，CIM的建设还应体现道路及附属设施、地下管线等市政设施、地块与人的活动等。

CIM的发展就是CIM技术的发展，而其核心技术便是CIM的存储与表达，也就是IFC（BIM）与CityGML（3D GIS）为代表的信息模型的存储与表达。相比于国际上对相关技术的应用，国内研究仍处于初期发展阶段。

2.1 国外相关领域发展

CIM是相对本地化的概念，可以视为通常提到的智慧城市（Smart City）、数字孪生城市（Digital Twin）、虚拟城市（Virtual City）或现实建模（Reality Modeling）等类似概念的国内特色"汉化"。从相关领域发展来看，国外相较于国内接触研究更早，因此建设和应用也相应更为成熟，尤其在BIM、GIS和IoT技术上有更为深远的研究和应用。下文中将分别介绍BIM、GIS、IoT技术的发展历程，并以芬兰赫尔辛基和新加坡为例，介绍CIM的相关发展历程。

2.1.1 智慧城市起源与发展

早在1994年，美国就已对信息基础设施（National Information Infrastructure，NII）进行立项。随后在1998年，美国前副总统阿尔·戈尔提出"数字地球（Digital Earth）"战略，其作为一个无缝覆盖全球的地球信息模型，将分散在地球各地的从各种不同渠道获取的信息按地球的地理坐标组织起来，既能体现出地球上各种信息（自然的、人文的、社会的）的内在有机联系，又便于按地理坐标进行检索和利用，世界各国基于"数字地球"共同建立了GEOSS（Globe Earth Observation System of Systems）系统，提出了十年行动计划。同时1999年起，美国大力开展国家空间数据基础设施（National Spatial Data Infrastructure，NSDI）建设，之后发达国家纷纷相继制定和实施了类似计划，如加拿大的"地理空间数据基础设施"、澳大利亚的"空间数据基础设施"、欧洲26国的"欧洲空间信息基础设施"、英国的"国家空间数据框架"等。空间信息基础设施（National Spatial Information Infrastructure，

NSII）由此在它提出的短短十几年间取得了惊人的发展。

经过十余年的发展，"智慧地球（Smart Earth）"的诞生催生了又一次科技革命。2008年11月6日，美国IBM总裁兼首席执行官彭明盛在纽约市外交关系委员会发表的《智慧地球：下一代的领导议程》演讲明确提出了"智慧地球"的理念，这一理念给人类构想了一个全新的空间——让社会更智慧地进步，让人类更智慧地生存，让地球更智慧地运转。2009年1月28日，奥巴马就任美国总统后，与美国工商业领袖举行了一次"圆桌会议"，彭明盛作为仅有的两名代表之一再次提出"智慧地球"这一概念，建议新政府投资新一代的智慧型基础设施，阐明其短期和长期效益，奥巴马对此给予了积极回应，并在不久后签署了经济刺激计划，批准投资110亿美元推进智慧电网、190亿美元推进智慧医疗、72亿美元推进美国宽带网络的建设。

同年2月24日，IBM大中华区首席执行官钱大群在2009 IBM论坛上公布了名为"智慧地球"的最新策略。IBM认为，IT产业下一阶段的任务是把新一代IT技术充分运用在各行各业之中，具体来说就是将感应器嵌入和装备到电网、铁路、桥梁、隧道、公路、建筑、供水系统、大坝、油气管道等各种物体中，并且被普遍连接，形成"物联网"，而后通过超级计算机和"云计算"将"物联网"整合起来，植入"智慧"的理念，最终形成"互联网＋物联网＝智慧地球"。"智慧地球"是以"物联网"和"互联网"为主要运行载体的现代高新技术的总称，是"数字地球"的延续和发展，"数字地球"加上物联网就可以实现"智慧的地球"。

随之而来的是由"智慧地球"所孕育的"智慧城市"。IBM认为，在城市发展中，经济发展和稳定是首要任务，公共安全、社会服务、教育、社保和市政建设分别构成最重要的板块，而形成整个板块的支撑层有法律框架、市政系统，以及赋予城市以"智慧"的信息基础架构。"智慧城市"意味着在部门之间共享协同作业，变等待服务请求为主动的连续的服务，精简业务流程并降低服务成本。在智能互联的信息化建设支持下，政府可以实时收集并分析城市各领域的数据，以便快速制定决策并采取适当的行动，为市民生活和企业运转环境提供更优的条件。智慧城市的概念几乎涵盖城市发展的方方面面，由此也引发了关于"硬件"和"软件"的思考。其中Papa和Gargiulo总结了智慧城市的3个主要导向：技术中心、以人为本以及两者的结合。智慧城市理论也由早期的技术中心论转向以人和社会资本为核心。

2.1.2　BIM技术发展与应用

（1）BIM的起源与发展

1975年，美国乔治亚理工学院的Charles Eastman教授开创了BIM理念，帮助建筑工程实现可视化和量化分析，提高工程建设效率。之后该理念逐渐发展至欧洲，目前已经在美国、日本、新加坡等国家得到了大力支持和发展（表2-1）。

美国在BIM研究与应用方面至今都走在世界前列，大多建筑项目已经开始全面应用BIM，而且存在各种BIM协会，也出台了各种BIM标准。但美国的BIM标准仍然处于起步阶段，种类繁杂而远远达不到实用阶段。掌握核心技术的软件商对数据格式的标准化并不积极，各自建立了自己的数据标准，并排斥与其他软件的兼容性。IFC等标准目前仍只能在不同软件平台之间传递部分BIM信息，大量有价值的信息丢失在转换过程中。

欧洲主要以英国为例，英国政府要求政府所有部门的工程项目，无论规模大小，必须使用BIM，2016年前实现3D-BIM的全面协同。政府此举的目的是降低成本、提高交付效率、增加可持续性，以及缩小建筑产品和材料的贸易逆差。

韩国在BIM技术的运用上十分领先。日本一直以来都是以预制为主，在建筑业很少提BIM的概念，强调的是协同管理和设计施工标准化。新加坡负责建筑业管理的国家机构建筑管理署（BCA）在2011年与一些政府部门合作确立了示范项目，强制要求提交建筑BIM模型、结构与机电BIM模型，并在2015年前实现所有建筑面积大于5000m^{2}的项目都必须提交BIM模型的目标。

BIM的发展阶段　　　　　　　　　　　　　　表2-1

时间节点	阶段划分	代表人物	主要成果	核心观点
1975—2000年	萌芽阶段	Charles Eastman（BIM之父）	1. BIM理念起源 2. 提出BPM与PM概念	计算机绘图代替手工绘图
2000—2002年	产生阶段	Jerry Laiserin（BIM教父）	解释BIM概念内涵	BIM与CAD制图的区别
2002年至今	发展阶段	Phil Bernrstein（Autodesk公司高管）	BIM的应用	强调BIM的管理应用

（2）BIM的主要应用

梳理相关研究可知，国外的BIM技术主要围绕以下几方面展开：①在城市规划与设计中的集成应用，主要包括对单体建筑、道路交通、水利桥梁等市政项目、城市景观、绿色建筑等领域的可视化分析；②实现对设计、招标投标、施工、竣工验收、运营维护（建筑质量检查）阶段的多专业领域建设工程项目和园区开发建设项目的全生命周期管理；③在装配式建筑的深化设计中，主要通过解决信息协同问题，对生产过程中的关键工序和环节进行预先模拟，从而生成最优的施工方案；④对火灾等灾害的应急场景精细化管理、人员应急模拟疏散等（表2-2）。

BIM的主要应用领域　　　　　　　　　　　　　　　表2-2

应用领域	主要内容
规划设计中集成应用	道路交通、水利桥梁等市政项目、单体建筑、校园景观、绿色建筑等领域的分析与可视化
工程项目的全生命周期管理	实现对设计、招投标、施工、竣工验收、运营维护（建筑质量检查）阶段的多专业建设工程项目和园区开发建设的全生命周期管理
装配式建筑的深化设计	解决信息协同问题，对关键生产工序和环节进行预先模拟，从而生成最优的生产计划和施工方案
应急场景综合应用	火灾等灾害精细化管理、人员应急模拟疏散等方面

2.1.3　GIS技术发展与应用

GIS是空间信息数据获取、存储、分析及应用的重要技术之一，它可以通过建立数据库的方式对多源异构数据进行综合处理、动态分析和管理。CIM平台的基础是数据处理，其需要处理海量多源异构数据，GIS可以对实际地理数据进行采集、分析和管理，并建立地理空间信息系统，存储大量地理信息，是CIM平台宏观层面的基础技术。

加拿大学者1987年利用矢量模型和光栅，开发了最早的三维GIS系统，主要用于矿产资源评估和开采，且可以进行简单的空间分析。部分欧洲国家从20世纪80年代起开始研究GIS技术，1989年，英国学者开发了三维GIS，在空间分析方面取得较大进展，同年召开了第一个国际三维GIS专题会，探讨3D GIS发展方向；法国在2007年开发了虚拟三维地球平台"Geospatial"并向公众展示，该平台具有覆盖法国全范围的高分辨率卫星影像。

亚洲主要以日本为例，日本京都大学集成GIS技术、VR技术和社会学知识，建立了"Digital City Kyoto"，即数字虚拟京都，用以进行虚拟城市展示和信息展示。该平台提出数字城市的三层体系结构：信息层（集成与城市有关的Web档案和实时感官信息）、界面层（提供城市二维和三维视图）和交互层（在城市中居住或访问的人们之间社交互动），集虚拟信息展示、城市展示和公众交互为一体。

2.1.4　IoT技术发展与应用

1999年，美国麻省理工学院（MIT）自动识别中心（Auto-ID Labs）的研究人员首先提出了物联网（Internet of Things, IoT）的概念，认为物联网就是把所有的物品通过无线射频识别（Radio Frequency Identification, RFID）等信息传感设备与互联网连接起来，实现智能化的网络。

在美国，自从2009年IBM推出"智慧地球"概念后，"智慧地球"框架下的多个典型智能解决方案已经在全球开始推广。智慧地球想达到的效果是利用物联网技术改变政府、公司和人们之间的交互方式，从而实现更透彻的感知、更广泛的互联互通和更深入的智能化。

欧盟是全球最早将物联网发展和管理计划进行系统化的机构。欧盟委员会于2009年相继推出一系列有关物联网发展的行动计划和战略方针，同年还推出了"无线射频识别（Radio Frequency Identification,RFID）与物联网模型"。目前，物联网已在欧盟的汽车以及建筑智能化等领域得到推广应用。

日本政府大规模推动国家基于信息化的基础设施建设，发展"智慧泛在"构想及泛在网相关产业。为了将日本建设成以"国民为中心的数字安心、活力社会"的国家，接连制定了一系列的信息化发展战略，包括e-Japan、u-Japan、i-Japan。目前，日本的物联网已在教育、医疗以及环境监测等众多领域得到推广应用。

韩国于2006年制定"U-839"战略规划，提出将泛在的传感器网列入发展重点。此后几年，相继提出"U-Korea"战略和《物联网基础设施构建基本规划》。同时为了确保在RFID和传感网行业占据全球前三的位置，接连颁布了许多推动RFID发展的相关策略。目前，RFID在韩国已得到广泛使用。

我国在传感器、RFID、网络和通信、智能计算、信息处理等领域的技术研究能力不断提升，技术创新能力也取得了一定突破，但在物联网核心关键技术方面仍存在缺失，除下一代互联网等技术外，我国只有极少数企业拥有物联网核心技术。CIM作为一种采用信息技术联合城市信息数据建立的三维模型，数据采集主要依靠物联网技术，该技术兼具互联网和通信网功能，能有效感知、挖掘和采集CIM中的各类信息，协助BIM、GIS技术对模型中的相关数据进行处理。

2.1.5 智慧城市应用典型案例

（1）新加坡：大数据平台和虚拟城市

实时新加坡大数据平台。2005年，新加坡制定了一个信息通信行业的10年发展规划（i N2015），希望通过这个规划进一步增强新加坡信息产业的全球竞争力。作为建设智慧国家的一部分，新加坡与美国麻省理工学院的SENSEable City Lab合作，搭建了名为"实时新加坡（LIVE Singapore）"的大数据平台。该平台的主要功能是收集、处理和发布城市实时数据，供软件应用开发者和普通市民免费下载。研究人员将未来可通过该平台分享的数据分为三类：城市运行的副产品数据、通过分布于城市中的感应器主动收集的数据以及公众主动分享的数据。

目前实时新加坡平台应用已取得初步成果。例如把实时出租车数据和降雨数据相结合来提高出租车管理效率。根据介绍，该项目主要涉及两种数据：出租车公司收集的关于每辆出租车地理位置、载客状态、出发地、行驶速度等实时信息和环境部门收集的整个城市范围内局部地区降雨量和降雨的强度的数据。结合两种数据即可开发各种应用，让出租车和需要打车的乘客实时了解各个地点出租车的供求情况，促进供求平衡。

全球首个国家级的虚拟城市。2015年7月13日，全球3D设计、3D数字样机和产品全生命周期管理（PLM）解决方案和3D体验解决方案的领导者达索系统公司宣布与新加坡总理办公室国家研究基金会（NRF）合作开发"虚拟新加坡（Virtual Singapore）"，一个包含语义及属性的实景集成的3D虚拟空间，通过先进的信息建模技术为该模型注入静态和动态的城市数据和信息。

"虚拟新加坡"通过不同公共部门收集的图形和数据，包含了每座建筑物的准确3D数据，地理、空间和拓扑结构以及人口统计、市民流动和气候气象等实时数据，还能呈现植被绿化、管道网络、电缆、风道和垃圾槽管等诸多信息，并按照1∶1比例建立全新加坡动态3D数字模型。利用数据分析和仿真建模功能来测试概念和服务、制定规划和决策。例如通过"虚拟新加坡"，只要知道屋顶的尺寸，就可以计算它的太阳能潜力，甚至可以模拟需要多少个太阳能电池板来为整个社区供电。"虚拟新加坡"项目通过打造丰富的可视化模型，大规模仿真新加坡市内的真实场景，以数字化的方式探索城市化对于国家发展的影响，并依托平台优化与环境/灾难管理、基础设施管理、国土安全管理及社区服务有关的解决方案。

（2）芬兰赫尔辛基：城市模型构建和数据开放

建立新一代城市模型。赫尔辛基是芬兰的首都和中心城市，从1985年开始就开展了三维城市建设。近年来为支持城市数字成长和创新产业项目落地，赫尔辛基从2015年又启动了为期三年、价值10亿欧元的城市资产采集项目，针对基础设施创建信息丰富的三维城市模型。该项目被称为Helsinki 3D，需要对超过500km^{2}的市域范围开展测绘工作，采集600多个地面控制点，并且需要管理和共享大量的数据。为攻克这些挑战并在规定的期限和预算内交付精准的城市模型，赫尔辛基市需要全面的集成式实景建模与信息管理功能进行支撑。

应用集成解决方案助力实景建模落地。赫尔辛基采用了Bentley的实景建模技术来进行地理定位、三维建模、基础设施运维和可视化展现。其团队利用BentleyMap绘制了大范围的底图并将城市管网也添加到底图上。通过LiDAR激光扫描与倾斜摄影技术的结合，采集了地形数据、地表数据、50000多张城市及周边岛屿的影像，总数据量达到了11 TB。项目团队依靠Pointools处理经由激光扫描获取到的点云，从而生成数字地形模型（DTM），还利用Descartes 将倾斜影像和正射影像集成到基础设施工作流中。Context Capture使赫尔辛基市能够将DTM与处理后的图像相结合，从而生成最终的详细三维实景模型，其总体精度高达10cm。除了提供实景网格之外，Helsinki 3D项目还需要以CityGML格式生成三维城市语义信息模型。Bentley的数据互操作功能帮助该团队能够利用同一套原始数据生成此类的数字城市模型。该模型基于数据库，可支持多种功能的高级城市分析和模拟，并且可以在其中添加分析结果。

增加数据开放性和透明度，使城市模型更有价值。Helsinki 3D能够取得成功的一个重要原因就是可以稳妥、高效的与利益相关者及公众分享模型和项目数据。项目团队创建了生动逼真的模型，并且利用LumenRT制作出动画视觉效果，向公共和私营企业进行城市规划展示，并加强与市民的互动来获取更多支持。借助Bentley应用程序，赫尔辛基市向众多利益相关者开放项目数据，提高模型的信息透明度和利用率，凭借着开放式数据架构，赫尔辛基市正在免费向市民、企业和高校开放模型，使其能够用于旅游、电信以及供电行业的商业规划和开发。

2.2 国内相关领域发展

不同国家的发展情况，为国内CIM的应用提供了多种可能性。通过对国际智慧城市发展技术和实践的分析，综合国内发展现状，我国智慧城市建设对CIM平台建设和技术的发展提出了新的要求，现阶段则聚焦于在理论基础上进一步推动BIM、GIS、IoT技术在CIM实际应用上的集成发展。

2.2.1 CIM起源与发展

Khemlani在2007年首次提出CIM概念，CIM不仅仅是BIM模型的合并，它代表高水平的基础设施网络、城市管理和人类活动。CIM模型有助于可视化、分析和监测城市环境，辅助地方以至区域的项目和规划决策，其特点是空间数据模型的多学科统一。Xu等提出集成BIM和GIS来构建CIM平台，CIM平台的基础是数据处理，其需要处理海量多源异构数据，GIS可以对实际地理数据进行采集、分析和管理，并建立地理空间信息系统，存储大量地理信息，是CIM平台宏观方面的基础技术，但其无法获取建筑内部数据，BIM技术可以针对建筑内部进行高精度表达，但无法进行大量数据管理。CIM平台需利用GIS和BIM的结合获取实时联动的遥感影像、相关规划、规划审批、具体建筑等大数据，建立高精度三维仿真模型。

吴志强将CIM概延伸为City Intelligent Model，在原有概念的基础上增加了"智能"概念，即增加了物联网技术与BIM、GIS的融合，现有研究普遍认为CIM是由GIS、BIM和IoT集成建立，是智慧城市的重要组成部分。但CIM平台不仅仅是三种技术的简单相加。BIM是CIM的细胞，CIM与BIM的关系是宏观与微观、整体与局部的关系，智慧城市应用是建立在CIM基础上的。BIM在建设工程项目中可辅助实现对项目的全生命周期管理。一是规划审查阶段，开发智能审批工具，实现计算机辅助合规性审查，实现容积率、建筑密度等12项规划指标自动提取和计算机辅助生成"规划条件"，减少人为计核误差和人工复核时间；二是建筑设计方案审查阶段，开发智能审批工具，推动二维、三维电子报批，全链条覆盖设计自检、建筑规划指标一键提取、表单数据自动化填报、指标审核。推进建筑工程分类管理，针对中小型建筑和产业区块内的工业建筑实施"机审+告知承诺制"，减少了第三方技术审查环节，办理时限相应减少了5个工作日；三是施工图审查阶段，开发BIM电子辅助审查系统，通过对建筑、结构、水、暖、电等专业，以及消防、人防、节能等专项相关标准条文进行筛选、拆解及计算机语言转译，实现了对247条国家规范标准条文的计算机辅助审查，支持自动生成审查报告；四是竣工验收阶段，汇集三维建筑模型，推动三维建筑模型与工程质量验收、测绘验收、消防验收、人防验收等信息挂接，辅助三维数字化竣工验收备案。此外，BIM技术在装配式建筑的深化设计、工程质量检查和安全管理以及火灾、人防等应急场景都有较为成熟的应用。GIS与物联网的融合为CIM提供了基础数据，CIM对GIS的需求主要有数字化（统一数据平台构建）、可视化（数字孪生及可视化）、智能化（空间智能）和开放式平台等方面，GIS是智慧城市建设的基础。IoT在CIM中的应用主要体现在建设智慧城市，包括工程管理、城市管理、智慧社（园）区和智慧建筑几个方面。工程管理方面，以深圳沙头角污水处理厂扩建工程为例，物联网智能安全帽可通过内置传感器配合BIM实时监测工人的位置、体温、心跳频率等数据以保障生命安全，此外通过工程期间在工地范围内加装各种实时传感器，协助监测实时地下水位、地面沉降等指标，确保施工安全，实现信息化建设及智慧工程管理。IoT在城市管理中的应用主要体现在交通管理、景观与市政设施管理、地下管线管理和行政执法几个方面，覆盖面相对较广。

CIM研究目前仍处于初级阶段，国内针对CIM的研究主要包括CIM平台建设、多源异构数据融合和CIM应用等方面。

2.2.2　CIM平台建设

CIM平台建设的研究主要集中在CIM架构研究和建模、可视化平台。包胜基于新型智慧城市建设，提出CIM平台的基础架构：由不同参与方构成的概念架构和具有感知层、传输层、数据处理层和应用层的技术架构；许镇等总结了基于GIS与BIM集成的平台，如Skyline、World Wind和Super Map等；此外，还有关于CIM可视化的平台，如City Eye、virtualcity SYSTEMS等。但模型构建和可视化平台普遍具有分析功能单一或数据转换速度较慢的问题，CIM平台建设仍有较大研究空间。

2.2.3　CIM应用与实践

（1）CIM技术的应用

CIM目前主要应用于智慧城市建设。智慧城市是建立在数字城市基础上，通过IoT等技术将信息空间与社会空间、物理空间关联起来，通过云计算平台对大量数据进行计算、存储，根据信息空间内的分析结果对物理空间中的各项设施进行管理控制，以解决城市问题。

在非技术语言中，可以将CIM视为"数字孪生城市"，这一概念最早在雄安新区规划中提出，是通过3S（RS、GIS、GNSS）空间信息技术获取城市信息并进行分析、整合，利用3D GIS进行实景可视化，结合物联网技术和AI技术将物理世界进行数字化映射，形成可管控的"数字孪生城市"。其关键研究内容是对城市环境进行高精度可视化表达，为实现这一目标，需要获取城市三维立体数据并集成融合建筑、环境、交通等多要素的三维数据，建立起统一的三维立体模型，以实现城市的全空间可视化，服务于"全时空感知、全要素联动、全周期迭代"，实现智慧城市向智能城市的转型升级。在"数字孪生城市"的建设中，张帅等通过获取GIS实体数据，构建数字模型并进行仿真分析，以提供数字孪生体的构建方法、装置及存储介质。Park J等利用数字孪生系统，通过数据收集、分析、管理和可视化过程，为减少碳排放提出最佳策略。除了环境保护方面，数字孪生技术在模型设计和数据采集、分析等方面作用显著，在智慧社（园）区、智慧政府、智慧医疗和智慧学校等方面均有应用，且已有学者进行了一定的研究。如在智慧社（园）区方面，目前的研究和应用重点大多集中在BIM与GIS的融合，一定程度上弱化了IoT，且目前的物联网数据的丰富性和体量远远达不到构建实时动态CIM的要求，还有很大的提升空间。

当前"数字孪生城市"的发展是物理世界数字化从宏观走向微观的过程，但目前尚未有单一技术能完全解决数字孪生中的问题。GIS技术可以获取、分析、处理宏观城市数据，但无法获取建筑内部或其他细节数据，需集成BIM或其他技术共同构建"数字孪生城市"。韩亮亮等通过建立BIM+GIS数据库、动作模型数据制作等技术，发明了数字孪生数据驱动系统；董道国等通过集成BIM和GIS数据，构建空间语义数据库，以避免数据转换中的信息缺失等问题，打造多种技术集成的数字孪生系统应用模式和技术框架。Pan等通过将BIM和GIS建模数据、图像和分析数据双向转换为HDF（分层数据格式）的方法提高存储效率，改善数字孪生应用中的前端服务影响能力，提高GIS和BIM集成模型的实用效率。

现有对"数字孪生城市"的研究中，普遍认为GIS技术需要同BIM、物联网集成，才能更好的构建数字孪生城市。针对GIS和BIM的集成提出的大多为理论数据模型，实际执行过程中仍存在存储效率低下、多系统融合等方面的问题，需继续研究解决。

在技术语言中，CIM不等于"数字孪生城市"，相较于后者，CIM是通过智能模型辅助决策，突出人与信息的互动，是"数字孪生城市"的主要技术之一，目前CNKI中针对CIM应用的论文发表数量也呈现增加的趋势（图2-1）。

（2）CIM技术实践探索

CIM首次得到官方认可是在2016年10月17日上海市人民政府印发的《上海市城乡建设和管理"十三五"规划》中提到"探索构建城市信息模型（CIM）框架，创建国内领先的BIM综合运用示范城市"。

2018年11月，国家住房和城乡建设部将北京城市副中心、雄安新区、广州、南京、厦门列入"运用建筑信息模型（BIM）进行工程项目审查审批和城市信息模型（CIM）平台建设"试点城市，旨在运用BIM系统实现工程建设项目电子化审查审批、探索建设CIM平台、统一技术标准、加强制度建设、为"中国智能建造2035"提供需求支撑等目标，逐步实现工程建设项目全生命周期的电子化审查审批，促进工程建设项目规划、设计、建设、管理、运营全周期一体联动，不断丰富和完善城市规划建设管理数据信息，为智慧城市管理平台建设奠定基础。

除以上五个试点城市以外，上海杨浦滨江、广州南沙明珠湾、杭州市余杭区、青岛中央商务区/桥头堡国际商务区、陕西西咸新区、沣西新城丝路科创谷、深圳市可视化城市空间数字平台等都在不同程度推进CIM平台相关功能和应用落地。例如，施海斌发明了基于CIM的智慧城市运维管理平台，包括平台界面和储存模块，将项目设计管理技术和CIM技术相结合，从而有效地对杭州市的建筑工作的施工过

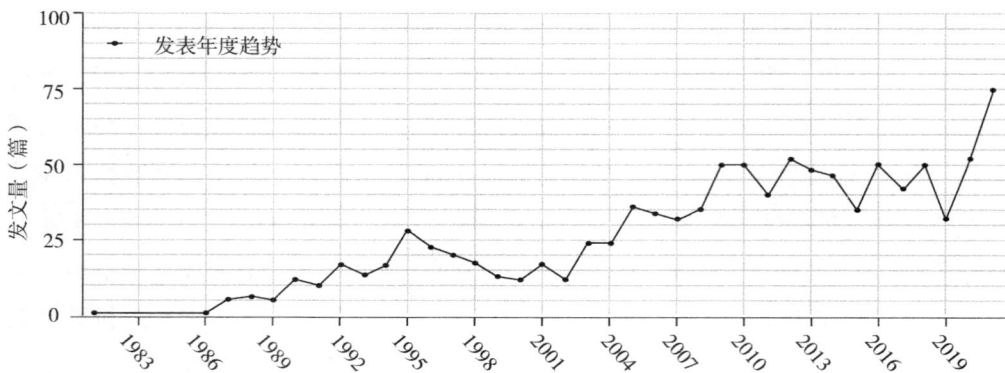

图2-1 CIM应用论文发表量年度趋势

程进行管控，实现了工程项目管理活动的协调统一和高效运作；石潇等通过金洲、冲尾自然村更新改造项目的实践，尝试在城市更新方案的编制与审批过程中深入应用CIM平台，初步搭建了基础数据工作（含获取与分析）、经济平衡测算、规划布局（含用地、建筑方案输出）、方案优选、城市设计、智能报批六大模块，最终实现高效编制、高效审批、多部门协同的更新方案编审；Bi T等基于无人机倾斜摄影、BIM模型、物联网交通数据，构建多源数据下的CIM平台，并在Tiexi新城进行了试点研究，验证了CIM的建设对于新型智慧城市的形成具有重要意义；章豪等发明了包括智慧住建、智慧交通、智慧城管、智慧环保以及智慧旅游子平台的的数字孪生时空大数据平台，各子平台功能包括居住、出行，将城市数据的应用融入服务大众日常，提供有价值的城市信息，为大众的生活与出行提供支持。

（1）广州市CIM技术应用范围和深度

牵头单位和主要架构。广州CIM平台建设是住房和城乡建设部试点工作任务，目标是建立一个城市的数字三维模型。广州CIM平台的建设基于已有的"多规合一"平台基础，整合城市地理信息、建筑物模型和物联网感知数据，构建一个涵盖空间、时间等信息的全要素的城市级三维数字底板。旨在加快推进工程建设项目报建审批信息化，进一步提高审批效率和管理精细化水平的同时，改善营商环境和创新环境，推进实现政府治理体系和治理能力现代化。2019年8月，经广州市政府同意，住房和城乡建设部备案，广州市印发了《广州市城市信息模型（CIM）平台建设试点工作方案》，成立了由市长任总召集人，分管城建工作副市长任常务召集人的试点工作联席会议制度，形成了由广州市住房和城乡建设局牵头，广州市规划和自然资源局、广州市政务服务数据管理局为主要协作单位，全市19个市直部门和大型国企合力推进的工作机制。

基于CIM的BIM模型审查与备案。在当前城市建设项目具有规模大、复杂度高、周期长、涉及面广的背景下，项目管理十分困难，整个项目的进度、成本、质量和安全难以科学管控。广州市利用CIM平台的信息交互与承载能力，不仅可以全要素真实还原复杂多样的施工环境，进行交互设计、模拟施工，还可赋予城市"一砖一瓦"以数据属性，确保信息模型在城市建设全生命周期不同阶段的信息交换。在项目建设完成进入运营维护阶段，其设计、施工数据将全面留存并导入同步建成的CIM，构建时空数据库，实时呈现建成物细节，并基于虚拟控制现实，实现远程调控和远程维护。

利用基于CIM的BIM模型审查与备案体系，在建筑工程项目完成后，设计、施工、装配过程中的所有数据全部留存，生成完整的建筑三维模型，通过在建筑内外部空间部署各类传感器、监控设备，采集建筑环境数据、设备运行数据、构件压力和应变数据、视频监控数据、异常报警数据等并进行智能分析，对可能出现的建筑寿命、设备健康等问题进行预测预警。当出现问题隐患和故障报警时，管理人员可借助VR/AR设备操控智能巡检机器人进行巡查和维护，在CIM平台中诊断和解决物理建筑中存在的实际问题。为应对地震、洪水、台风、火灾、燃爆、危险品泄露等防灾减灾或应急响应需求，政府管理部门可以借助CIM平台及其中嵌入的BIM模型进行应急预案模拟、应急救援仿真、灾害损害评估、人员疏散及避难安置引导、灾后恢复规划等辅助工作，实现在数字孪生世界中仿真模拟发现经验与规律，在物理世界中高效落地与执行，降低试错成本，实现"虚实"的良性互动。实现在设计阶段的交互设计和施工阶段的全面掌控，最终达到在城市运营与治理阶段的数据全生命周期应用。

广州CIM的应用探索。广州以CIM平台为基础，实现了数据模型轻量化、入库管理和快速加载展示，开发了可视度分析、桥梁巡检、行车模拟、水淹模拟等模拟分析功能。为交通、水务、工信、园林绿化、产业、疫情防控等多个领域的业务应用提供对接路径，推进构建丰富多元的CIM应用体系，以试点工作为契机，围绕提升城市治理智能化，积极开展业务应用探索，进一步整合业务，通过整合住建工程项目管理平台、行业管理平台等各个业务子系统，构建统一业务办理平台；筹建CIM平台运营指挥中心，并以此为基础，拓展CIM技术在CIM+房地产市场监测、CIM+城市更新、CIM+老旧社区改造、CIM+城市体检、CIM+美丽乡村、CIM+疫情防控、CIM+林业园林、CIM+智慧工地、CIM+智慧水务、CIM+智慧社区（园区）和CIM+工业信息化等更多的"CIM+"应用。带动相关产业基础能力提升，推进信息化与城镇化在更广范围、更深程度、更高水平融合。

同时利用CIM平台进一步推进BIM技术在广州市规划、勘察、设计、施工全行业的应用，有利于通过政府引导打通各环节、各专业、各参与方的信息屏障，推进装配式建筑一体化建造的实施及推广，而且积极探索了城市治理智能化的方向，利用大数据在更多业务领域应用，为建设智慧城市操作系统提供支撑。

（2）南京市CIM技术应用范围和深度

牵头单位和主要架构。为了加快推进南京市BIM/CIM试点工作，2019年8月南京市正式印发了《南京市运用建筑信息模型系统进行工程建设项目审查审批和城市信息模型平台建设试点工作方案》，明确了"以'多规合一'信息平台为基础，集成试点区域范围地上、地表、地下的现状和规划数据，建立具有规划审查、建筑设计方案审查、施工图审查、竣工验收备案等功能的三维可视化的CIM平台"的工作目标，为南京市进一步探索建设智慧城市基础性平台提供了重要依据。

南京市规划与自然资源局以将南京市CIM平台打造成为南京市的智慧城市门户

为目标，利用大数据、云计算、BIM、CIM等技术创新和实践经验，以南京市"多规合一"信息平台为基础，通过试点范围各类覆盖地上、地表、地下的现状、规划和建设数据的集成，接入城市运行大数据，探索构建集数据展示与管控、辅助决策分析、自动化审批审查功能于一体的南京市CIM平台，并与现有相关业务系统无缝衔接，作为掌控城市全局信息和空间运行态势的重要载体，为城市规划、建设、管理和智慧城市提供支撑，推动城市"规建管"全流程决策智能化、科学化，引领新型智慧城市建设，推进城市空间治理现代化。

利用BIM模型辅助智能化审查审批。采用开放可扩展的技术架构，以"多规合一"信息平台为基础，探索构建全域全空间、三维可视化、附带丰富属性信息的CIM平台，作为掌控城市全局信息和空间运行态势的重要载体，实现各类覆盖地上、地表、地下的现状和规划数据的集成和展示应用，完成南京市CIM平台与市工程建设项目审批管理等相关业务系统无缝衔接；探索BIM导入CIM的机制，实现依托CIM平台，对工程建设项目BIM报建成果实施关键条件、硬性指标的智能审查，降低人为因素干扰，提升决策管理的科学性和精准度，开拓工程建设项目智能审批新局面。

南京市CIM平台智能化辅助审查审批应用主要为建设项目规划设计前期的方案研究、正式报建阶段的CIM审查两类场景提供应用服务，在建设项目规划设计前期研究提供双空间方案比选功能，辅助实现直观三维视觉效果下的景观分析。

在正式规划报建阶段，基于建设项目规划条件和《南京市建设工程设计方案审查工作导则（2017版）》梳理基于CIM平台的审查指标，为规划报建审查提供科学辅助功能，树立基于三维场景的审查新视角，打破单个规划BIM项目审查的场景局限性，进一步提高要素审查完整度。

基于CIM的大数据管理应用。南京市基于CIM平台的二维、三维及BIM的基础分析能力，支持立体要素的二维、三维转换，提供BIM分层剖切、BIM空间测量，实现对BIM模型每一个构件属性的查看；可针对相关业务系统提供CIM平台常用分析决策的工具，辅助场景模拟，帮助用户有效开展空间业务。

并在此基础上总结出CIM平台的建设与大数据处理的两大关键步骤，旨在实现CIM数据"进得来、管得住、用得起，出得去"的全流程运转。

第一步：进得来。BIM数据、精细化模型数据、地下空间、地质数据、地下管线等三维数据经过专项三维数据治理工具处理、发布服务后，进入CIM基础数据库；其他以服务形式接入的CIM数据资源，如倾斜摄影数据、职能部门相关业务系统数据直接以服务的方式接入CIM基础平台。

第二步：管得住、用得起，出得去。CIM数据由数据库管理子系统、服务管理子系统对所有集成数据统一管理，经运维管理子系统进行单点登录和安全认证后进入CIM数据引擎，分别完成以下工作（即"用得起，出得去"）：

1）直接推送CIM数据资源至CIM数据引擎进行基础的展示与操作；

2）基于1），在分析模拟子系统完成CIM数据资源的模拟与分析；

3）基于1），在大数据拓展应用子系统完成CIM数据资源的拓展应用；

4）将1）CIM数据引擎基础成果、2）CIM数据分析模拟结果、3）CIM大数据的拓展应用结果分别推送至展示应用子系统展示或进一步应用。

2.3　发展分析

2.3.1　国内外相关平台效益分析

（1）芬兰赫尔辛基CIM技术应用投入和效益

芬兰赫尔辛基从2015年启动了为期三年、价值10亿欧元（约合76亿元人民币）的城市资产采集项目，针对基础设施创建信息丰富的三维城市模型。

通过三年的建设，赫尔辛基三维城市模型可根据实时的数据流呈现真实的城市面貌：首先，可基于此平台进行城市数字化运维管理，相比于传统方式，显著降低了政府运维预算开支；其次，对于城市的各类开发建设及更新改造都可以基于统一、标准的模型开展相关工作，避免了重复建设或数出多门；最后，将平台能力向其他部门、外部企业和高校开放，通过平台对城市运行进行可视化的仿真和模拟，已经应用于太阳能利用率的分析、洪水评估指导、噪声计算及空气污染预测、基础设施效率分析、传统能源的可替代率、交通模拟、战时遗留爆炸物虚拟引爆分析等十几个领域；

通过将三维模型与开放式能力相结合，赫尔辛基市冲破了三维实景的限制，向世界展示了数字城市利用三维城市模型所能取得的成果。

（2）新加坡CIM技术应用投入和效益

新加坡侧重于公共服务方面，继1992年提出智慧岛概念之后，2006年启动了"智慧国2015"发展战略，利用信息网络技术提升数码媒体与娱乐、教育与学习、金融服务、电子政府、保健与生物医药科学、制造与后勤、旅游与零售等七大经济领域，意图将新加坡建成一个信息技术产业所驱动的智慧国家。2014年，"智慧国2015"战略提前完成，紧接着新加坡又启动"智慧国2025"十年发展战略，重点仍在公共服务和公共安全方面。其智慧国核心的理念是"3C"：连接（Connect）、收集（Collect）和理解（Comprehend），强调在通信网络、传感网络建设的基础上，进行数据的分析和共享。

"虚拟新加坡"（Virtual Singapore）项目耗资7300万美元（约合5亿元人民币），一期成果部署应用于2017年启动，2020年完成，目前主要可以实现：①影像数据提取和统计分析；②疏散模拟；③噪声影响范围分析；④公共设施服务范围分析；⑤房屋管理分析（房屋本身的建设信息、构建信息及附着人员信息）；⑥为应对新加坡老龄化现状，LTA（陆路运输管理局）利用"虚拟新加坡"优化坡道，方便老年人出入；⑦城市规划人员利用"虚拟新加坡"分析具有较高太阳能生产潜力的建筑物，采用绿色能源替代传统能源；⑧利用"虚拟新加坡"检查3G／4G网络的覆盖范围，提供覆盖率差的区域的真实可视化，并突出显示可在3D城市模型中改进的区域。

新加坡大力推广BIM技术，使新加坡成为广泛应用BIM技术的国家之一。新加坡在1997年就启动了建筑信息化项目CORENET（Construction and Real Estate NET-work），其目的是将建筑工业中琐碎的业务联系起来，形成新的建筑体系，提高建筑的质量和生产率。为此，新加坡政府联合了建设局、城市发展局、土地流转局、新加坡电力、住房发展部等多个部门，共同推动CORENET项目。虽然初期碍于技术限制、责任主体不清晰等原因，使最初的项目在建筑信息化技术的应用上仍有局限，但随着技术进步和"虚拟新加坡"平台的建设，CORENET项目逐渐成熟，目前新加坡政府规定设计报审必须提交BIM设计成果。虽然仍有BIM设计带来的额外工作量较大、BIM软件本身不够成熟、设计人员对软件的掌握不够熟练等问题，但新加坡设计企业通过在设计过程中采用"二维设计+BIM设计"的方式，让项目团队在设计团队的基础上配置建模团队，以保证按时完成。建模团队通过在设计过程中与设计团队配合，在二维设计基础上完成建模。在配合二维设计进行优化的同时，BIM成果主要用于报政府审批。与国内外多数设计企业在BIM使用上一样，利用BIM模型的几何信息进行基本的可视化辅助设计和管线碰撞优化检查等工作。并且在BIM技术应用的早期，部分企业还会对率先使用BIM技术的人员和团队进行经济奖励。在政府和企业的多方努力下，新加坡在工程项目电子审查审批方面走在了世界前列，对新加坡的建设产生了积极深远的影响。

2.3.2　国内外相关技术应用对比

与国外数字孪生技术全面铺开的应用方式有所不同，国内对CIM技术的应用正处在探索上升的阶段，CIM技术在国内智慧城市领域的应用现状，可以按照应用领域划分为两个大的应用方向。

其一是应用CIM技术支撑工程建设项目审批制度改革从流程优化向计算机技术辅助审批优化转变。其主要标志是2018年11月住房和城乡建设部将北京城市副中心、广州、南京、厦门、雄安新区一同列为运用BIM系统和CIM平台建设的试点。

主要完成运用BIM系统实现工程建设项目电子化审查审批、探索建设CIM平台、统一技术标准、加强制度建设、为"中国智能建造2035"提供需求支撑等任务，逐步实现工程建设项目全生命周期的电子化审查审批，促进工程建设项目规划、设计、建设、管理、运营全周期一体联动，不断丰富和完善城市规划建设管理数据信息，为智慧城市管理平台建设奠定基础。

另一个应用方向则是运用CIM技术基于三维公共管理与公共服务场景开展新型智慧城市建设。其主要标志是深圳市可视化城市空间数字平台、上海杨浦滨江、广州南沙明珠湾、青岛中央商务区/桥头堡国际商务区、陕西西咸新区沣西新城丝路科创谷、北京大兴国际机场廊坊临空经济区等都在不同程度推进落地智慧城市视角下的CIM平台相关功能和应用建设。

国内整体的CIM技术应用深度，目前呈现如下几个特征：

（1）利用CIM平台1∶1还原区域的规划设计成果，把已建成、建设中、待建的项目都集成到一个平台（包括地上建筑、景观、设施、地下管线等），提前对区域建成后的整体环境进行预览；

（2）可以基于CIM平台进入到单体化的建筑物内部浏览，包括管道、电路、点灯、门等部件，真实还原建筑的内部场景；

（3）在建设施工阶段，基于CIM平台，行业管理人员可以对建设工程项目从设计图纸审查、质量、安全、绿色施工、进度等方面进行数字化动态监管；

（4）在运维管理阶段，通过CIM平台对区域内的城市管理各项关键信息进行收集、分析和整理，对生态环境和洪涝灾害等进行实时监测，对公共安全、民生（停车位状态及停车信息、路灯亮度及覆盖范围等）、城市服务（智能垃圾箱满溢状态、智能井盖状态）等需求做出智能响应。

2.3.3 小结

通过大量国内外文献研究，对国内外CIM技术开发与研究进行对比分析。研究表明，CIM作为智慧城市建设的必由之路，既是智慧城市跨行业融合的基石和底板，也是推动城市高质量发展的重要抓手，更是带动我国21世纪产业升级的重要引擎。为此，国内外都进行了大量研究与探索，BIM、GIS、IoT技术在相应领域有较深入的发展与应用，但总体尚处于起步阶段，仍存在诸如技术之间缺乏集成、缺少能指导行业发展的统一标准、缺乏超大尺度的城市应用等问题，距离实现城市的智能化、精细化管理还有很长的一段路要走，仍需要构建专门的技术和应用体系来保障CIM平台的建设与运转。但不可否认的是，围绕CIM的各类软硬件建设如火如荼，发展智慧城市依然是政府信息化建设领域的"新风口"。

第二篇
CIM相关技术

CIM要实现其理论价值离不开CIM平台作为实现载体，而CIM平台的建设又离不开CIM平台核心技术、物联网技术、新型测绘技术、BIM技术、5G技术、移动互联网技术、大数据技术、人工智能技术等诸多技术的共同加持。

第3章　CIM核心技术

　　CIM的建设需要多种技术协调作用，缺少任意一门技术的支撑都不能实现CIM应用，但类似于BIM和GIS，CIM也具有自己的核心技术。

　　本章将围绕CIM核心技术展开，主要介绍城市信息模型存储技术、城市信息模型动态更新技术、城市信息模型高效调用与快速表达技术、城市运行动态感知信息模型技术、城市场景仿真模拟技术和基于BIM的工程建设项目智能辅助审批。

3.1　城市信息模型存储技术

　　数据的汇聚与储存是搭建数据信息平台的重要基础。理论上，CIM平台不但需要融合各尺度下的各类多源异构数据，还要充分对接物联网等新兴信息技术，保障数据的及时更新与储存。

3.1.1　多源异构数据融合

（1）数据融合发布

　　CIM平台要实现BIM数据与三维GIS数据（包括地形数据、三维倾斜摄影数据、视频数据等）融合的一体化服务，需要整合技术框架，建立一套基于Web服务的多源异构数据服务框架体系。

　　数据融合发布，经过数据资源汇聚、服务聚合发布、平台服务BIM数据与三维GIS数据的二维、三维一体化，以上几个处于应用层的环节的具体实现，首先需将数据进行汇聚，形成数据资源池，对各类异构数据进行数据配置、数据校验、空间化生成、数字签发等，通过标准协议进行服务分发，进入到平台里进行服务聚合，服务聚合后通过SOAP接口对外提供统一的服务。数据的存储与调度，涉及数据的索引与存储。

　　CIM平台采用文件索引目录方式进行数据服务发布，优化和提升了传统的二维、三维数据存储于数据的模式，经检验文件索引服务发布方式数据请求及渲染效率更高，吞吐量更大，快速的响应了前端的应用需求。

（2）文件索引和金字塔组织技术

　　文件目录的组织形式采用了文件索引技术及金字塔场景组织技术。文件索引技术主要采用索引这种结构，逻辑上连续的文件可以存放在若干不连续的物理块中，但对于每个文件，在存储介质中除存储文件本身外，还要求系统另外建立一张索引表，索引表记录了文件信息所在的逻辑块号和与之对应的物理块号。索引表也以文件的形式存储在存储介质中，索引表的物理地址则由文件说明信息项给出（图3-1）。金字塔技术请参见下一章节。

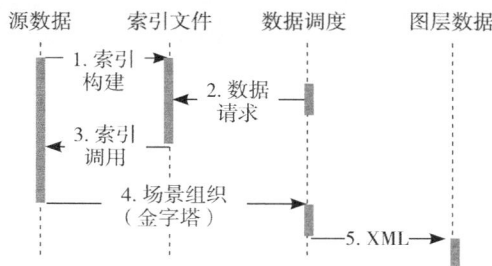

图3-1　文件组织调度流程

服务发布。数据通过图层的文件组织进行分类的目录存储，三维地图场景的渲染以系统平台的后台服务为支撑，后台服务图层组织模块首先去请求文件索引目录下的索引数据，以XML的形式进行返回，返回给后台的图层处理模块，依据索引获取三维的场景数据（金字塔、LOD组织技术），进行场景渲染。

分布式场景应用，随着大场景数据的应用以及多元数据融合展示，数据量会不断增大，针对数据量大、占用空间比较多的问题，后台采用了大数据的思维，采用分布式服务发布的方式进行数据的发布，具体如下：首先用户登录到集群中的中央服务发布系统，根据用户需求选择数据所在的存储节点，填写相关的发布参数后，后台通过RPC远程过程调用Webservice接口，将服务发布参数提交给相应的服务主机，服务主机接收到请求后，根据服务参数，配置相应的上下文环境context，并解析对应的路径下的数据文件，生成相关的索引信息index，并利用数据中间件mybatis，将其写入到数据库中；当用户加载对应的服务时，首先请求中央服务器，根据服务信息计算服务所需要的数据索引index信息返回给用户，用户根据索引index信息，到相应的datanode上请求对应的服务数据。这样便实现了分布式服务的发布与加载，大大的提高了系统的服务发布能力以及数据加载的效率（图3-2）。

（3）矢量贴地技术

在CIM平台建设中，为更好的反映整个城市的宏观立体规划，我们需要考虑利用二维建筑物矢量面符号化实时生成三维体块模型，作为现状BIM数据的整体分布表现的补充。

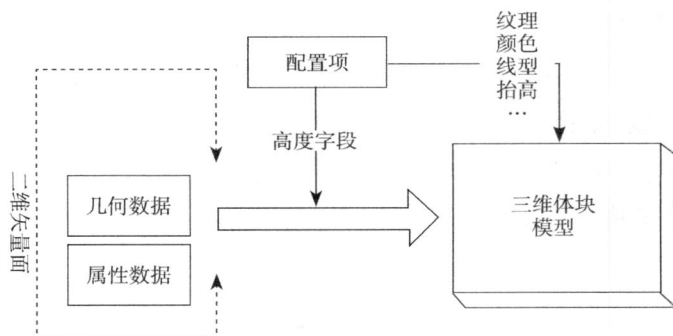

图3-2　文件组织调度流程

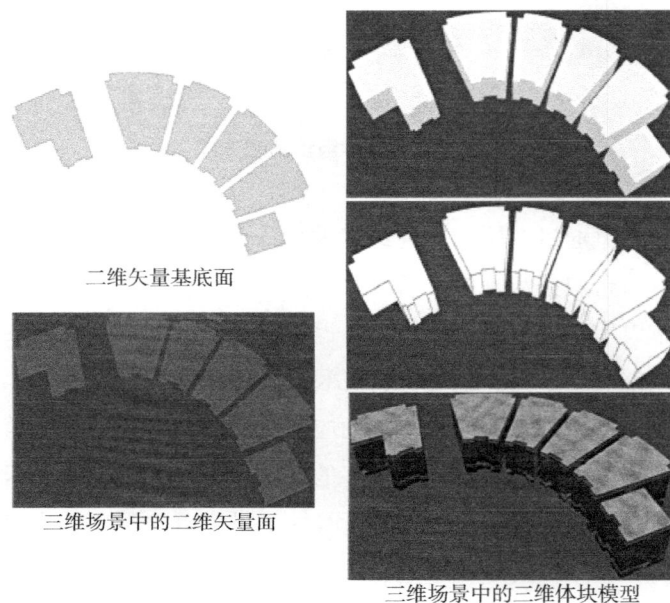

二维矢量基底面

三维场景中的二维矢量面

三维场景中的三维体块模型

图3-3　矢量贴地技术

　　三维符号化体块模型是基于二维矢量面数据，通过获取矢量的空间几何点位信息和高度、层级、颜色等属性信息，采用分层瓦片的机制实现三维体块拉伸符号化计算，并由渲染引擎实时渲染。

　　基于二维矢量点、线、面的几何数据，采用空间几何质心算法，可实现三维模型数据的点位准确、布局合理。基于矢量数据属性信息的体块模型参数生成技术，可通过用户自定义配置的数值或矢量属性字段，实现体块抬高，以及高度、层级、颜色等的专题化配置和灵活修改。

　　通过抽象化体块模型参数，形成表面表达特征，构建体块模型特征表达的多样式机制，基于不同顶底样式配置，可实现体块各立面的颜色、材质、纹理的丰富表达。

矢量贴地是一种将二维矢量贴合在三维地形表面的技术，渲染过程中根据地形高程动态地改变渲染矢量的位置，将具有高度抽象与概括能力的矢量与三维地形融合在一起，使用户沉浸在三维场景中依然能够明辨周围复杂的地理环境，为用户展现更加真实的三维场景。同时，以矢量切片技术实现的矢量数据加载，使矢量数据能够快速被调度到场景中，提高了大规模矢量的加载效率（图3-3）。

通过矢量的符号化实时生成三维体块模型，能够大大丰富无BIM数据的三维基础数据的内容，对于理解、分析和管理CIM系统的整体性能具有非常好的补充作用。

3.1.2　多源异构数据存储

基于Hadoop分布式存储架构，采用分布式数据存储作为空间数据库，建立Geo索引，实现海量遥感数据的并行计算，解决传统数据存储和调度的性能瓶颈问题。通过研究基于混合分割的海量异构数据组织模型、基于内容的多维索引、基于数据访问特征的存储机制等大数据存储与索引技术；具体采用Hadoop的分布式文件系统HDFS，对城市大数据结构化、半结构化和非结构化数据进行存储，存储节点可动态部署和扩展，在同一架构下支持从TB级到PB级等不同规模的数据存储。针对CIM数据多源异构的特点，采用Hadoop Spatial框架进行分布式存储处理。特别是处理非结构化数据时，Hadoop在性能和成本方面都具有优势（图3-4）。

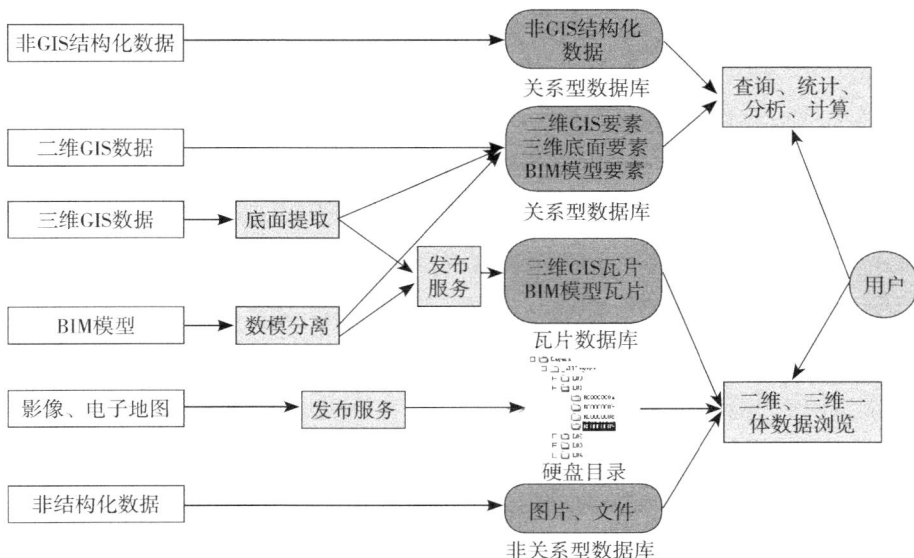

图3-4　数据存储逻辑结构

3.2　城市信息模型动态更新技术

3.2.1　建筑自动识别和快速采集建库

（1）概述

存量建筑通常指在一定使用期限内仍可使用或保留一些使用价值的建筑物，包括可以再利用的日常旧建筑，也包含具有保护意义的特定历史建筑。存量建筑按性质可分为三大类：居住建筑、公共建筑和工业建筑。其中居住类存量建筑包括城中村、住宅、宿舍等，公共类存量建筑主要有办公建筑、商业建筑等。存量建筑具有巨大的空间价值、经济价值和文化价值。

传统的地物信息提取主要依靠于人工判读，过分依赖人的主观知识与精神状况，在耗费巨大人力资源的同时，无法保证信息提取的准确性与时效性，导致结果在实用性与通用性上都无法满足需求。在遥感技术快速发展的今天，这个问题变得更加严峻，低效率的信息提取阻碍了相关领域的快速发展，同时造成了国家遥感资源的浪费。将遥感数据与计算机技术，特别是图像处理的相关手段结合起来，是遥感影像信息提取技术的一个发展方向，借助于计算机强大的计算能力以及图像算法的自动化处理能力，能让人摆脱繁重的手工作业，同时大大提升信息提取的效率，对于地物信息提取的时效性有了极大的保障，具有重大的实用意义。

（2）技术路线

存量建筑具有面积大、空间聚集、数据量大等特征，一般采用遥感、无人机等方式获得影像和高程数据。其中遥感影像可用于识别房屋的基本特征，利用高程数据可得到建筑的高度特征。可设定分析的范围提高分析的准确性或进行集群处理。通过机器学习实现存量建筑的识别，可采用监督分类或非监督分类等多种方式方法。识别后的建筑可能由于树木、光照等影响边界不清晰，可采用边拟合算法优化建筑边界。基于地面高程数据，可对建筑的高度进行较为精准的测量。也可结合建筑的风格特征调节建筑高度。以此获得的建筑数据还不能在GIS/3D GIS/CIM等系统展示，还需要进行地理配准，地理配准可将数据配准到对应的坐标系下。可赋予每个建筑年份、高度、产权等属性。最后获得数据可发布OGC二维服务或三维服务，供其他平台使用（图3-5）。

（3）存量建筑样本库设计

测试当前市面上已经存在的一些建筑分析的样本，例如Massachusetts Buildings Dataset（马萨诸塞州建筑物数据集）、Aerial Image Segmentation Dataset（谷歌地图的航空遥感图像），Aeroscapes等数据集，但是存在一些分类不足的特点。故设计

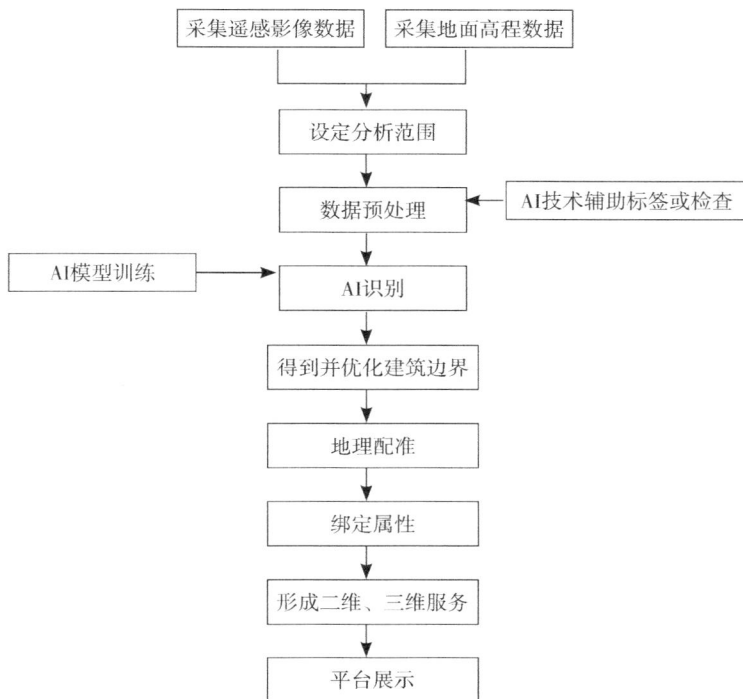

图3-5 存量建筑自动识别技术路线

一个补充式的样本库也是非常必要的，从而避免非存量建筑的识别，比如厂房。

（4）基于UNet算法的建筑识别

与FCN网络相比，UNet通过拼接融合特征图，这样做的好处是：深层网络层，有更大的感受野，更关注图像本质的特征，而浅层特征图关注的是纹理特征。因此无论深层或浅层的特征图，都有其作用，通过这种拼接融合，使得网络能够很好地学习到特征。

UNet算法最早发表在2015年的MICCAI上，在许多语义分割任务中作为基准，尤其是处理医疗影像图像。而在建筑物遥感影像图像中，建筑物遥感影像的语义较为简单，在某个区域内结构较为固定，都是一个固定的建筑成像。UNet算法最大的特点是encoder-decoder的U形结构和skip-connection。encoder即U形结构的左边部分，通过多次下采样后的低分辨率信息，能够提供分割目标在整个图像上下文语义信息，可理解为图像特征的提取。在decoder部分即U形结构的右边部分，相比于FCN和deeplab，UNet共进行4次上采样，并在同一个stage使用skip-connection即图中的"copy and crop"，保证了最后的特征图能够融合更多不同尺度特征，从而进行多尺度预测，使得分割图恢复边缘等信息更加精细。除此之外，UNet在小批量的数据集上表现不错，100多张训练集就能取到不错的效果，UNet结构比较简单，容易复现，并且对计算硬件的资源要求不是特别高（图3-6）。

基于TensorFlow框架实现UNet算法，TensorFlow提供了网络训练的低级和高级接口，支持单机多卡、多机多卡的分布式训练。TensorFlow是一种采用数据流图，用于数值计算的开源软件库。其中Tensor代表传递的数据为张量，Flow表示使用计算图进行计算。数据流图用"节点"和"边"组成有向图来描述数学运算。图3-7是基于TensorFlow实现的UNet算法，在100多张建筑物遥感影像训练集上的性能情况，在训练到15步的时候，模型已经开始收敛，在60步的时候能够达到最优。损失值在0.2左右，f_score能够在0.9以上。

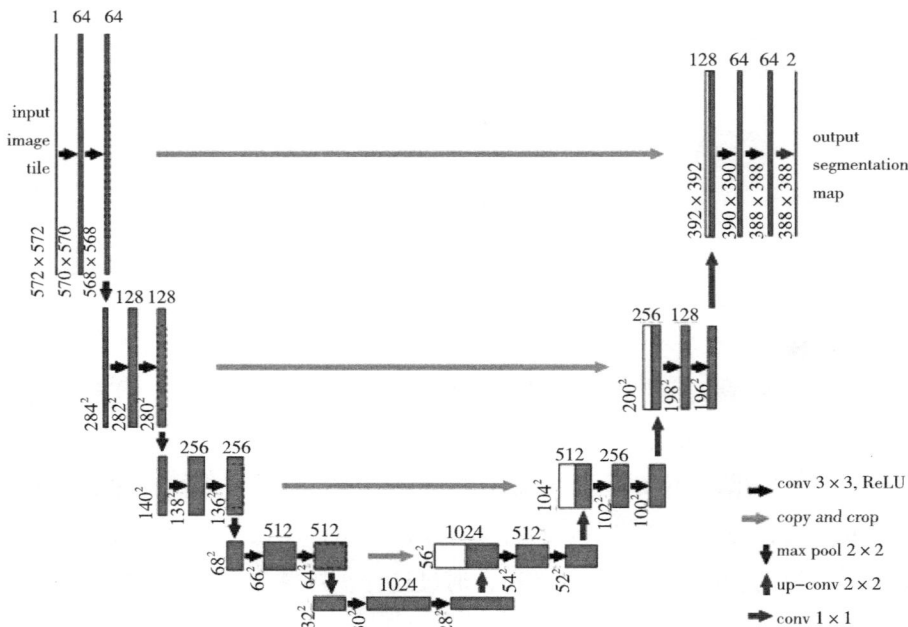

图3-6 U形结构

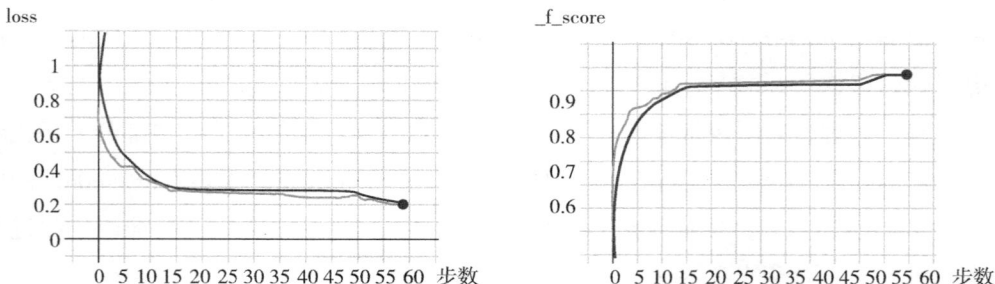

图3-7 UNet算法的性能情况

以下是使用训练得出的模型在测试集上推理的建筑物识别结果，每行第一张图红色部分是模型识别建筑物的像素，第二张图是推理结果和原图的融合，可以看出预测结果基本能符合要求。第三张图是根据推理结果得出的轮廓线（图3-8）。

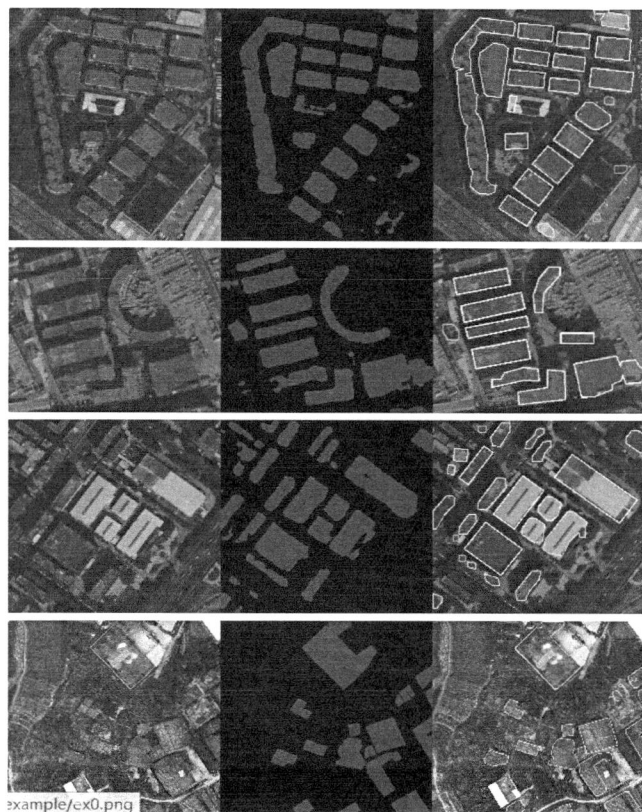

图3-8 基于UNet的建筑识别效果

（5）建筑边界完善方法

在未做任何处理的情况下，AI所判断的建筑边界不是非常好，存在严重的锯齿或边缘柔和的问题，不能正常拟合建筑边界。故需要使用一些拟合算法将建筑边缘"拉直"。

整个技术流程如下：①以大津算法二值化。在计算机视觉和图像处理中，大津二值化法用来自动对基于聚类的图像进行二值化，或者说，将一个灰度图像退化为二值图像。②用图像开运算方法对图像进行处理，包括平滑边缘、消除细狭缝、截断细连通。③取几何轮廓（轮廓提取算法可参考OpenCV的findContours方法），得到多个多边形。④计算所有多边形面积。⑤删除多余多边形。算法1：如果多边形的面积在统计上小于10 分位数；算法2：对多边形的面积利用聚类算法（k-means clustering，*k*=2）进行分类，面积较小的删除。⑥假设建筑是矩形样式，计算多边形的最小外接矩形。但如果最小外接矩形的面积远大于多边形的面积，则认为该建筑不是矩形形式。⑦采用简化多边形（Douglas－Peucker算法）对非矩形形式多边形进行优化（图3-9）。

图3-9　解决建筑轮廓不清晰，边界不柔和的问题

（6）基于倾斜摄影数据的建筑识别

倾斜摄影数据已经是三维表达的成果，具备高逼真的材质纹理和高精度的位置关系。但倾斜摄影数据由于数据量大、数据结构复杂等特点，在建筑的自动识别方面仍然具有很大的挑战。

倾斜摄影数据在制作完成后一般以瓦片格式存储。在AI处理时要对相邻的瓦片进行拼接，避免跨区域瓦片效果不完整。同时由于倾斜摄影数据的顶点呈现不规则的聚集特征，所以在数据样本制作时要进行预处理（图3-10）。

倾斜摄影数据可采用LightGBM训练模型。LightGBM（Light Gradient Boosting Machine）是一种基于决策树的梯度提升框架，具有以下优点：①训练速度更快，效率更高；②降低内存使用率；③更高的准确性；④支持并行和GPU学习；⑤能够处理大规模数据（图3-11）。

由于这些优势，LightGBM被广泛应用于机器学习竞赛的获奖解决方案中。在公共数据集上进行的比较实验表明，LightGBM在效率和准确性上均优于现有的Boosting框架，并且显著降低了内存消耗。

另外一种可行的办法是采用点云数据分隔的方式。采用cloudCompare对场景

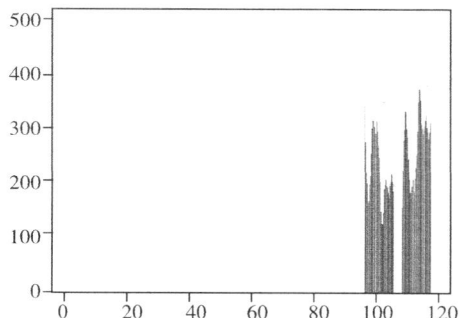

图3-10　建筑高度图

图3-11　基于LightGBM识别的倾斜摄影建筑

内的建筑进行语义分隔，参考S2DIS数据集，将点云数据保存为PTS的无序点云格式。利用Pointnet++模型对倾斜摄影数据进行分类处理。

当点云数据（倾斜摄影数据提取的点）密度不均匀时，可考虑对模型采用如下两者数据分组的方式：Multi-scale grouping（MSG）and Multi-resolution grouping（MRG）。

最终得到的成果可根据高度数据进行纠正，比如利用地形高度直方图可对建筑进行挑取，其他类型数据，如树木可以利用颜色色彩进行纠偏。

（7）结论

基于遥感数据、倾斜摄影数据进行存量建筑的识别，有着数据量大、数据种类丰富、数据被周边影响大等特点。基于AI的存量建筑自动识别可大大减少人工的识别工作量。建立存量建筑智能识别云平台可提高智能识别的管理能力，促进资源、算力的共享，也方便二次开发或数据的再利用。

3.2.2　基于多边形合并、抽稀算法的白模数据LOD生成技术

CIM平台需要承载城市级三维数据的加载，一般会采用LOD技术存储、管理和

渲染模型。通常的做法是基于建筑的尺寸来设定LOD的精度。该技术的缺点是没有考虑建筑群片的视觉效果。举例来说，城中村的建筑是非常小的，但是非常聚集、数量较多，如果基于建筑尺寸计算像素误差，则在大的LOD级别（也可以理解与建筑距离很近）下建筑就会消失，形成建筑空洞效果。

为解决这个问题，一个简单且可行的办法就是针对连片建筑在不同LOD下进行建筑合并，从而保证城市建筑轮廓。由于合并后数据量减少，故能够降低内存消耗，提高渲染效率。另外可选择添加轮廓线，使得建筑在较大比例尺下仍然可分辨建筑形态。经初步测算，与传统技术相比，该方法可降低3%内存，平均提高1帧渲染效率。

（1）技术路线

整个技术处理过程具备如下特征：①实现了在不同LOD级别下建筑不同的表现形式；②实现了建筑合并；③充分考虑了合并后建筑群轮廓特征；④考虑了多级LOD下的白模数据存储规范。具体技术实现路径如图3-12所示。

首先要分析不同LOD级别下的建筑可见特征，即设定在各个LOD级别下建筑合并的条件，比如建筑相邻的距离参数、建筑大小匹配、建筑合并的优选策略。然后根据合并策略实现各个级别下的多边形合并。最后生成并存储LOD数据，但渲染的调度策略不需要改变（图3-12）。

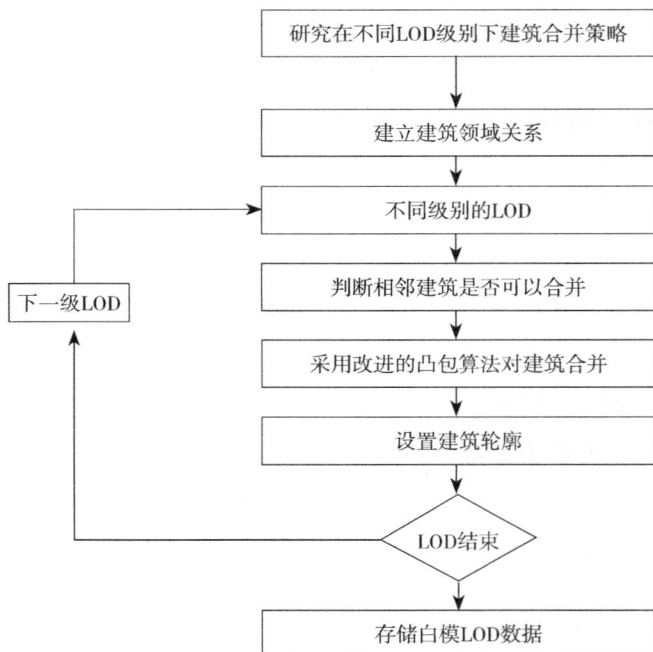

图3-12　多策略白模LOD技术路线

（2）技术要点及创新

1）多边形合并与抽稀

根据建筑之间的距离，对建筑与建筑之间的空间关系进行判断，过滤和筛选出需要进行合并的对象，并进行自动合并。

进行自动合并时，要根据过滤算法选取需要进行合并的多边形组。进行两两合并时，首先要确定一个预合并模型，在选取另一个的过程中，选取可能与之合并的模型与选定模型的距离一定在一定范围内，确保运算效率。将限定模型间距离范围内的模型间距离从小到大排序，依次对两两模型组进行是否合并判断，当两个模型的面积之差的绝对值处于设定阈值内时，则执行合并，直至排序表为空或达到设定好的合并数量上限。

多个合并时，可以考虑采用聚类算法，确定哪几个建筑模型为同一聚类，合并为一个大块。

使用合并凸包算法，将选中的两个相邻建筑模型进行合并（图3-13，图3-14，图3-15）。

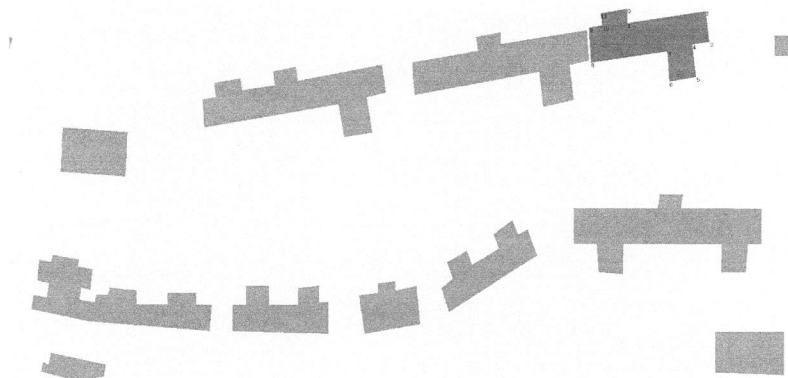

图3-13 多边形1

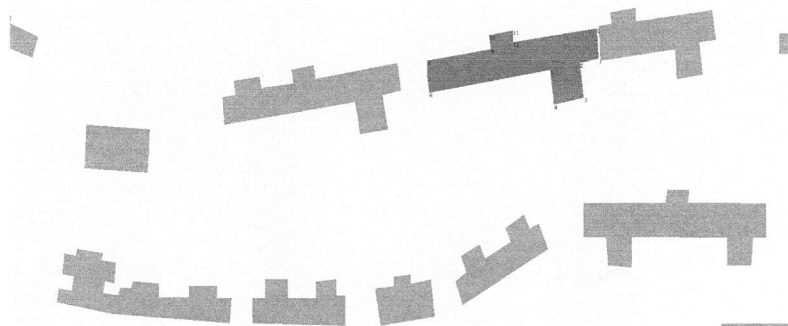

图3-14 多边形2

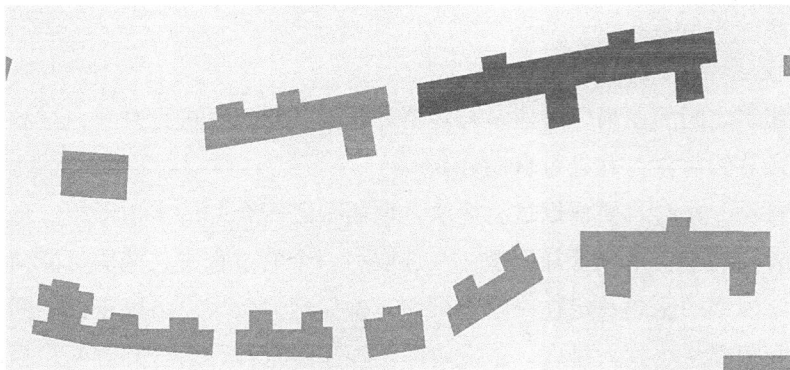

图3-15 合并后的多边形

合并后的多边形往往存在所要表达的图形对象不光滑或者不符合标准的问题，因此需要通过某种规则，在保证矢量曲线形状不变的情况下，最大限度的减少数据点的个数，即对数据进行采样简化。常用的抽稀算法包括：道格拉斯–普客（Doug-las–Peuker）算法和垂距极限值法（图3–16）。

2）改进的凸包算法

多边形的合并采用的是改进的凸包算法。凸包是图形学中的概念，大体意思为对过某些点作一个多边形，使这个多边形能把所有点都"包"起来。当这个多边形是凸多边形的时候，我们就叫它"凸包"。凸包算法一般采用Graham扫描法。建筑模型合并不论是两两合并还是多模型合并，本质上是把每个建筑的点形成凸包实现。

Graham扫描法的基本思想：先找到凸包上的一个点，然后从那个点开始按逆时针方向逐个找凸包上的点，进行极角排序后，对其查询使用。改进的凸包算法的主要步骤为：①计算要合并的多边形的凸包；②获得每个凸包点所在的多边形。对于凸包的每对相邻点（P1–P2），即可得到这两个点对应的多边形，这两点可能位于同一个多边形，也可能位于不同的多边形。如果位于同一个多边形，则判断这两

图3-16 抽稀前轮廓线（左侧）与抽稀后轮廓线（右侧）

个点所在多边形之间是否还有其他顶点，若有其他顶点，则将该点插入两者之间。

如果（P1-P2）位于不同的多边形，则看第一个多边形该顶点（P1）的下一个顶点（P3），是否与P2直接满足一定的距离和角度的关系，如果满足，则插入该点（P3）。同理对P2进行同类操作。通过对凸包算法的改进，可使合并后的多边形更符合实际场景（图3-17，图3-18）。

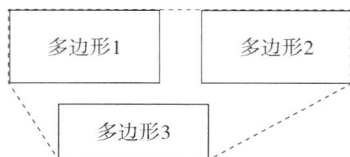

图3-17　原始凸包算法　　　　图3-18　改进的凸包算法

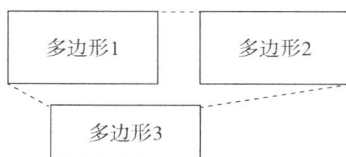

3）白模数据的LOD存储策略

CIM平台所使用的的三维模型服务格式使用层次细节级别（HLOD）来自适应地加载和优化三维模型。这样做能够使模型在离相机很远的时候渲染低分辨率的瓦片，在离相机近的时候渲染高分辨率的瓦片。图块集由一棵树组成，由根定义，并递归地定义了其子图块，可以通过不同类型的空间数据结构进行组织。运行时引擎是通用的，将渲染由瓦片集定义的任何树。可以使用切片格式和细化方法的任何组合，从而能够灵活地支持异构数据集。目前CIM平台所使用的三维模型服务格式主要支持四叉树、八叉树、KD树、格网结构四种存储结构，其中每一种结构又支持各种变种结构，例如四叉树可为松散四叉树或是自定义权重的四叉树。

对于不同的数据类型，存储为三维服务格式时需要使用合适的存储结构作为LOD存储策略，空间数据结构主要影响效率，以四叉树和八叉树为例，四叉树切片过程慢，但一次需读入的内存少；八叉树切片过程快，但一次需读入的内存多。四叉树对在高度上不太好切分的数据比较适合，所以对于白模数据的LOD，这里选择四叉树作为三维服务格式的存储结构。

4）多边形顶点优化

在不同级别LOD的建设过程中，可以对多边形顶点进行优化。在模型精确度和硬件处理能力之间进行折中，即在保持模型几何外观和允许误差范围内，采用适当的简化操作，减少原始模型的顶点数，达到用户需要的简化速度和质量要求，或者二者之间一个极佳的平衡。

常见的多边形网格模型全局简化算法有顶点聚类算法、表面偏移算法、外形逼近算法等。

5）设置建筑轮廓

建筑轮廓线是前端展示建筑模型外边缘界线的方式，由于采取了多边形合并，合并后需要构建新的建筑轮廓线，因此需要把模型数据自带轮廓线的属性写入模型瓦片，并被三维引擎自动识别。

（3）效果与总结

同时在CIM平台对白模数据进行了验证。随视点与白模的距离逐渐变远，白模具有合并效果。

本项目结合多边形合并算法、多边形抽稀算法、白模在不同LOD下的显示策略等方法，解决了白模数据在视野范围较大时，在不牺牲帧数的前提下，大片面积很小的模型不可见的问题。可自动自由选择合并抽稀的LOD策略，为高效准确实现白模LOD提供了一种有效的解决方案（图3-19，图3-20，图3-21）。

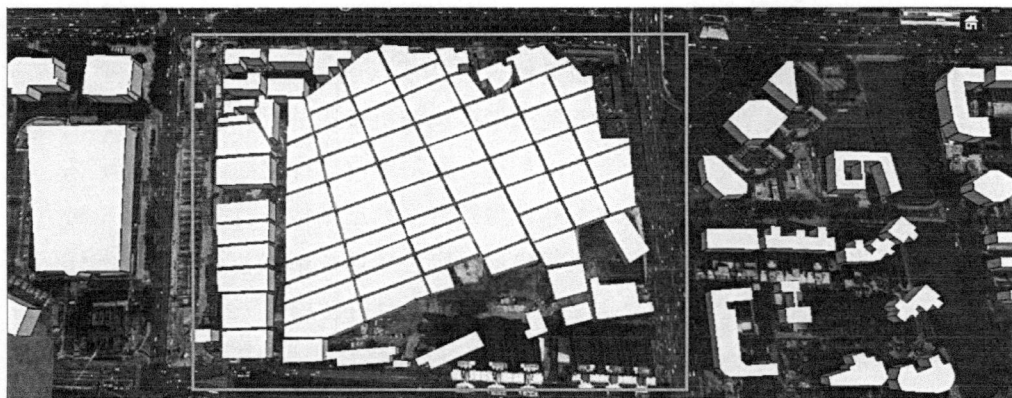

图3-19　LOD2效果下的白模

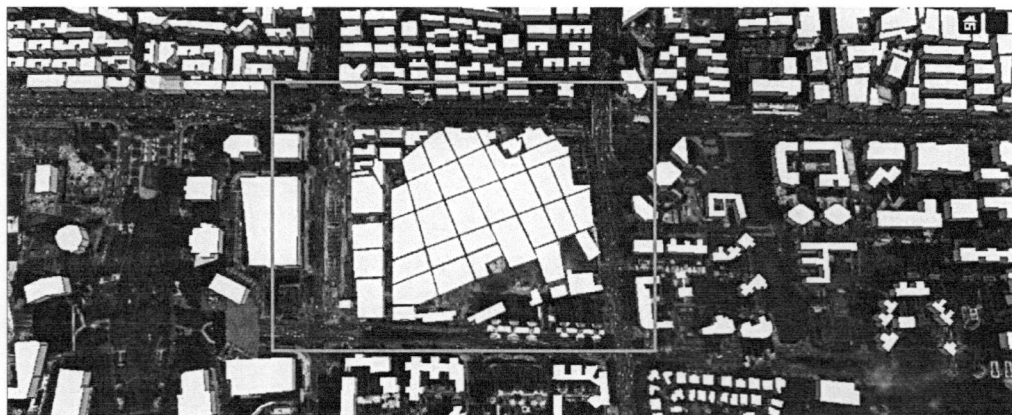

图3-20　LOD1效果下的白模

图3-21 LOD0效果下的白模

3.3 城市信息模型高效调用与快速表达技术

城市规划建设过程中会产生大量的数据，如何有效的利用这些信息，将海量多源异构数据协调融合是CIM平台模拟仿真"假设"分析和虚拟规划的基础，亦是实现城市智慧化运行管理的前提。

3.3.1 云边协同的三维服务高速缓存技术

（1）现实问题

随着CIM平台的深入应用，各委办局需要基于CIM基础平台进行开发及展示应用，随着用户量的增长、服务的频繁调用，以及硬件和带宽资源有一定的瓶颈，网络传输之间的时间损耗等影响，存在以下问题：①原来的服务协议版本低，可能与浏览器产生队头堵塞等问题；②海量CIM数据服务，与要求的网络带宽不匹配，直接通过政务外网的百兆光纤出口会存在网络瓶颈；③三维服务软件拓展成本高，难以横向扩展；④CIM业务范畴大、涉面广，更新管理分级分域困难。

为了解决以上问题，实现对三维服务进行快速访问以及保证业务系统使用的顺畅性，基于此研发了云边协同的三维服务高速缓存技术，使服务资源能够快速访问，并支持异地横向扩展。

（2）CIM数据的特征分析

1）数据更新的时效性特征；CIM基础平台包括了大量的存档数据，比如年度的倾斜摄影数据服务。

2）数据访问的地域性特征：各地委办局会更倾向于访问本区域数据。

3）数据内容的一致性特征：CIM基础平台包括了大量的一致性数据特征，即包括了诸多的非业务控制数据。

（3）核心技术设计

1）设计思路

①采用高速缓存组件，提升三维数据服务调用速度，并降低数据库的压力，支持横向扩展集群支持高并发；

②在现有CIM高效缓存策略的基础上，补充区级（或片区级）边缘服务器，该服务器对内具备高速带宽，并能够提前准备本区域CIM数据。

2）具体实施

云边协同高速缓存架构如图3-22所示。

①首先服务直接从服务站点进行缓存，缓存站点可以对CIM服务进行缓存（并且缓存的服务集群可以低成本的扩容）；

②智能网关可以进行反向代理以及根据客户端请求进行分流，可以起到服务监控、权限管理、请求分发等作用；

③如果有建立边缘小站的地区，智能网关会根据客户端的请求，以就近接入原则进行边缘站点分配；

④分配到边缘站点的客户端会从边缘站点中拉去资源（如果是同一内网环境，理论上可以达到千兆独享带宽，因此能大大提升平台访问的性能）。

高速服务缓存机制如图3-23所示，如果客户端的请求能在缓存服务器端或者边缘缓存服务器端找到服务，就可以直接拉取缓存服务器中的服务，而不需要拉取服务站点中的数据，如果数据缺少则会再请求服务站点。

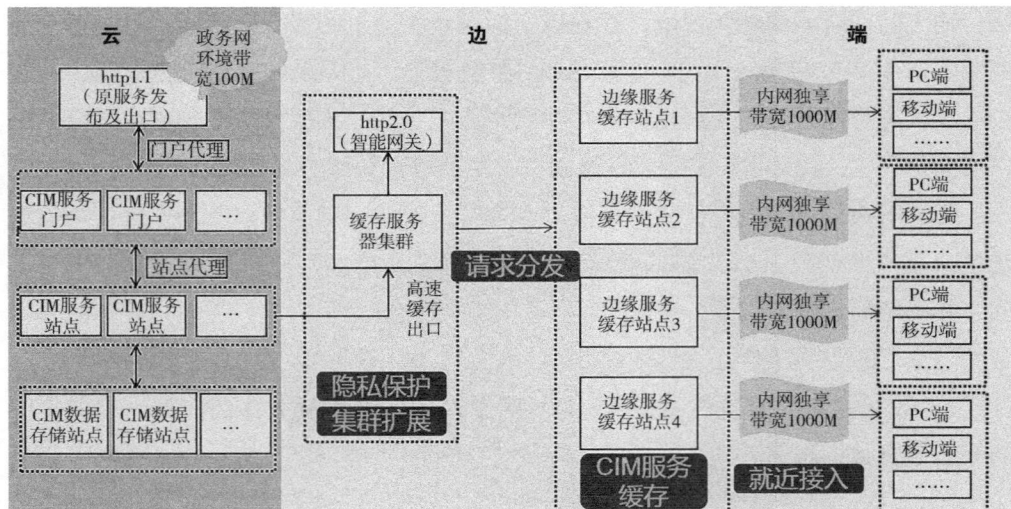

图3-22　云边协同高速缓存架构

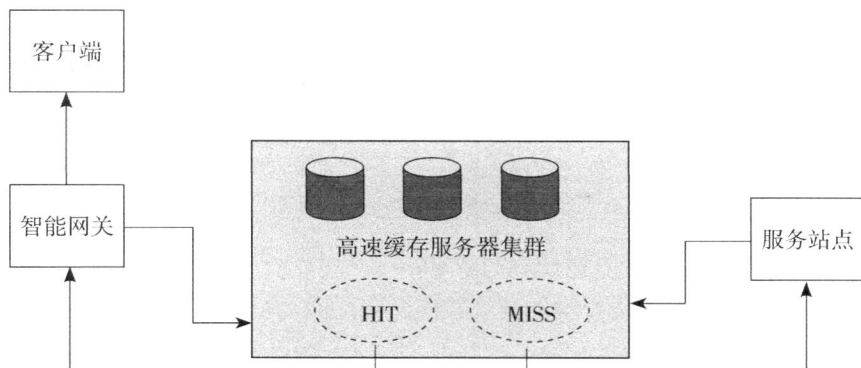

图3-23　高速服务缓存机制

（4）实现效果

1）实现了服务器对内具备高速带宽，并能够提前准备本区域CIM数据；

2）实现了数据的快速调用，进而保障了系统使用的流畅度；

3）提供了服务资源的快速访问方法，并能支持异地横向扩展；

4）实现了低成本的高速带宽策略，降低中心服务器的压力，支持异地横向扩展；

5）根据委办局各业务部门的应用情况定制缓存服务器，提供了更高级的服务访问接口，支持按网格、行政区或自定义区域等多种模型的场景服务，有效弥补非聚合状态下管理困难等问题。

3.3.2　高效的CIM引擎

CIM引擎是将现实中的物理实体抽象为计算机可存储识别的几何实体，能快速检索并向计算机终端或以API形式提供多边体、各种曲线或多维图像等可视化表现形式的算法实现的集合，涉及CIM数据模型、查询检索、实体表达及渲染等关键技术。随着CIM模型规模和复杂性的增加，单机处理多专业海量CIM模型的存储、查询、计算分析与表达渲染变得越来越困难。对于独立的计算机，多个大型场景的渲染或者城市级数量的建筑信息模型的渲染具有一定难度，建立CIM模型要求则更高，而城市级数量的建筑信息模型要结合地理信息数据进行展示更是对计算机性能有很高的要求，同时也需要非常长的渲染运行时间。因此项目从模型融合设计、数据组织存储、对象索引、实体几何表达、图形渲染等多个环节进行攻关与优化，设计了能兼容二维GIS、实景三维模型和建筑信息模型BIM等各类模型的几何图形、属性一体化存储方案，采用分布式存储框架与技术，研究高效的索引技术实现城镇级（大尺度10000m×10000m）、社区级（中尺度1000m×1000m）、建筑级（小

尺度100m×100m×100m）、构件级（细尺度10m×10m×10m）、零件级（微尺度
1m×1m×1m）共五级空间索引，类似金字塔式组织空间网格、网格体块的索引便
于快速查询空间范围（二维面）、规划单元（三维体块）、建筑群（三维模型）和
构件（BIM），见图3-24。

　　有了金字塔式索引组织，还需要快速计算查找到每个几何实体，项目使用空间
填充曲线，利用空间填充曲线算法对分布式存储的二维、三维数据进行一体化索
引。具体而言，利用HBase等分布式存储数据库存储，减小物理I/O读写效率，结合
金字塔式索引策略及一体化空间填充曲线，并行计算提高空间分析效率，整个技术
流程见图3-25。

　　关键步骤如下：

　　（1）索引降维。首先利用空间填充曲线将二维、三维等多维空间点索引转换为
一维的方法，采用Geohash编码对三维空间数据进行分形和降维，见图3-26。

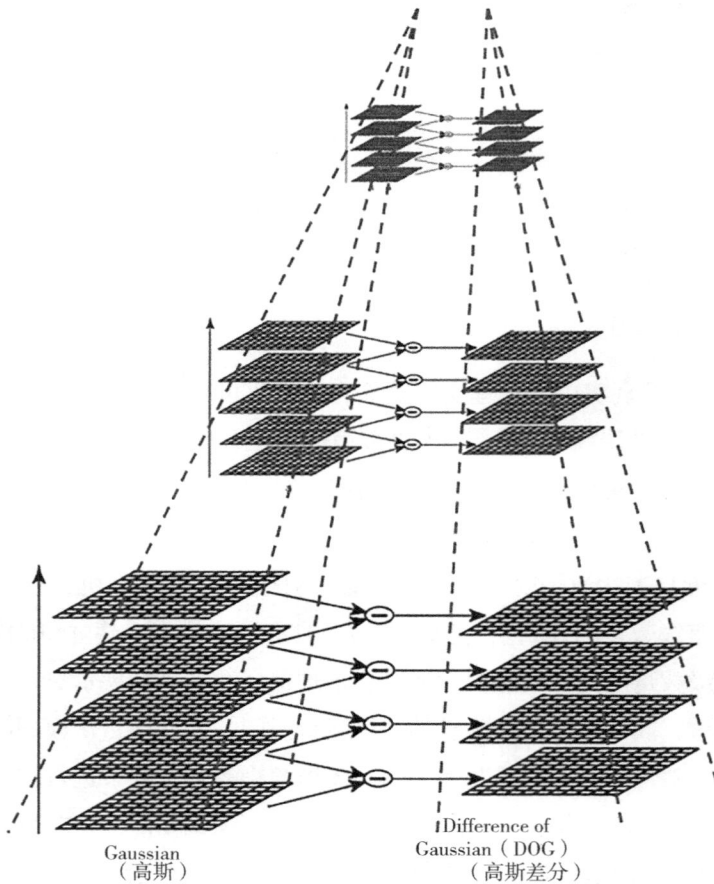

Gaussian
（高斯）

Difference of
Gaussian（DOG）
（高斯差分）

图3-24　CIM引擎中的金字塔式索引

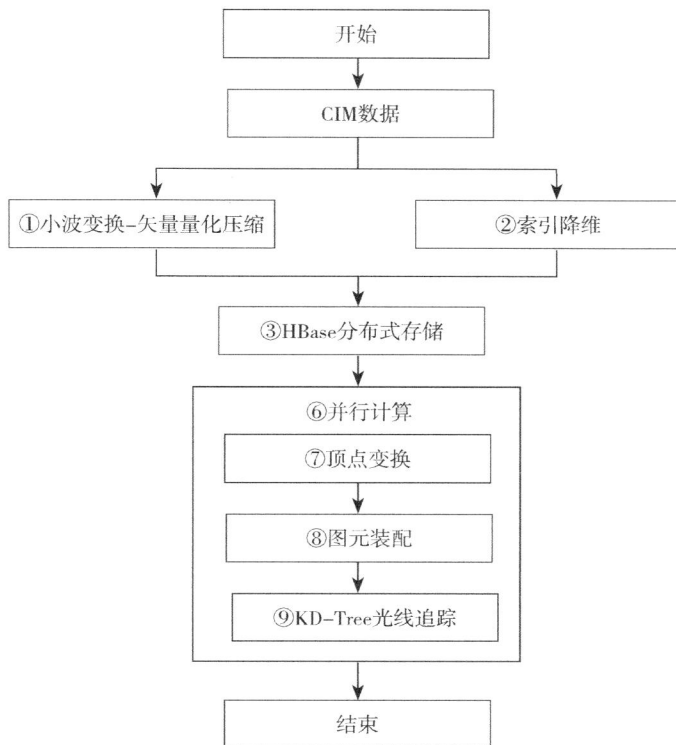

图3-25　基于CIM引擎访问数据与加载展示的流程

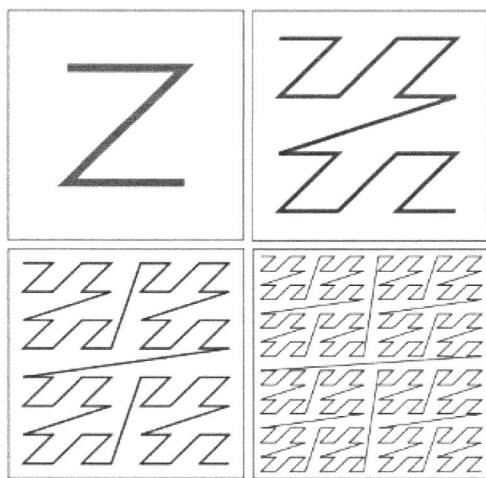

图3-26　空间填充曲线

　　然后利用Geohash字符串的长短来决定要划分区域的大小，可以划分为1～12个等级，当Cell的长度和宽度选定之后，Geohash的长度也就确定下来，这样就把地图分为一个个的矩形区域，见图3-27。

字符串长度		cell宽度		cell高度
1	≤	5000km	×	5000km
2	≤	1250km	×	625km
3	≤	156km	×	156km
4	≤	39.1km	×	19.5km
5	≤	4.89km	×	4.89km
6	≤	1.22km	×	0.61km
7	≤	153m	×	153m
8	≤	38.2m	×	19.1m
9	≤	4.77m	×	4.77m
10	≤	1.19m	×	0.596m
11	≤	149mm	×	149mm
12	≤	37.2mm	×	18.6mm

图3-27　Geohash编码示例

（2）分布式存储。基于Hadoop分布式存储，采用分布式数据存储（Hbase、Accumulo）作为空间数据库，建立Geo索引，实现海量遥感数据的并行计算，解决传统遥感数据存储和调度的性能瓶颈问题，见图3-28。

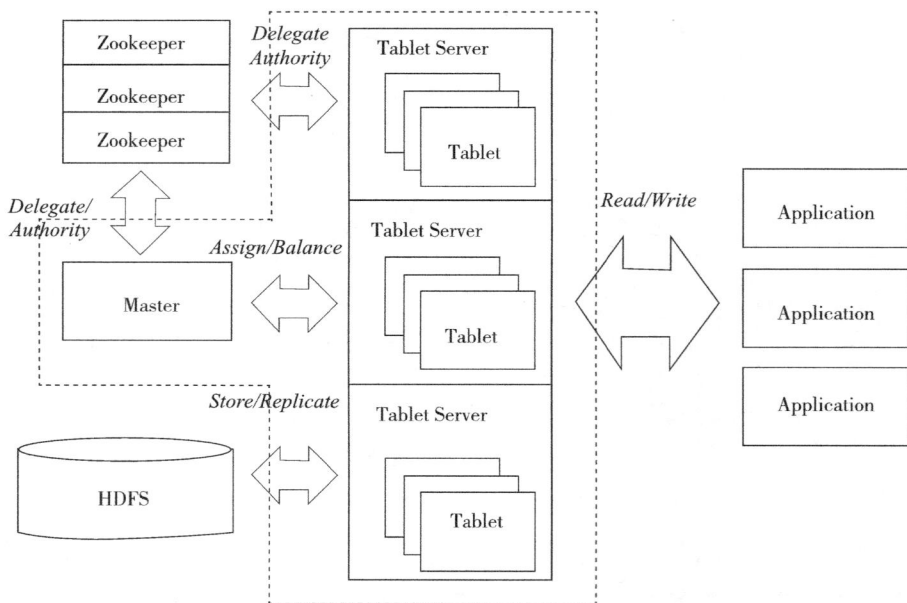

图3-28　基于Hadoop的分布式数据存储

（3）并行计算。基于Hadoop的动态调度，将渲染作业通过Map函数划分为细粒度的MapReduce作业，分发到集群节点上进行并行计算，生成中间结果，再通过Reduce函数合并节点，形成最终结果，见图3-29。

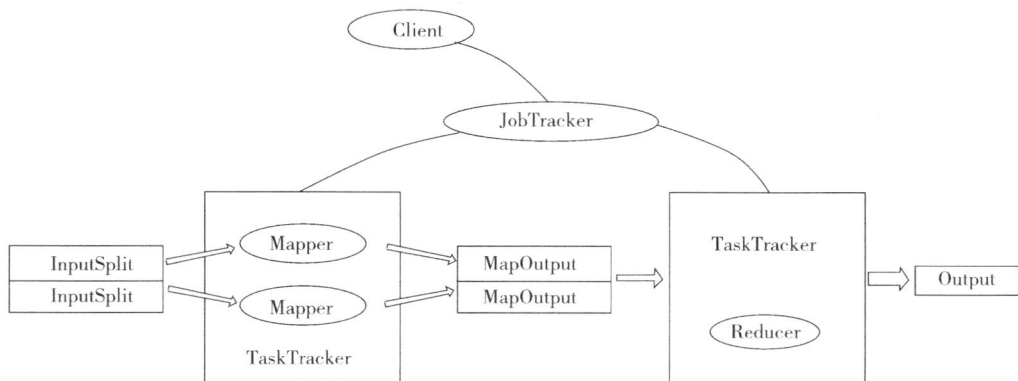

图3-29　MapReduce工作原理

（4）KD-Tree光线跟踪。光线跟踪通过模拟光线的照射过程，在空间中与几何体进行相交得到光线的轨迹，对周围的空间进行快速的遍历和判断，达到光线的快速模拟效果。若光线跟踪无法实时运行，我们看到的则是二维场景，因此，构建合适的加速结构尤为关键。KD-Tree具有对空间良好的分割能力，相比于其他加速结构，遍历速度也具有一定的优势。通过基于KD-Tree的光线跟踪，可以达到快速模拟光线、阴影渲染的效果，见图3-30。

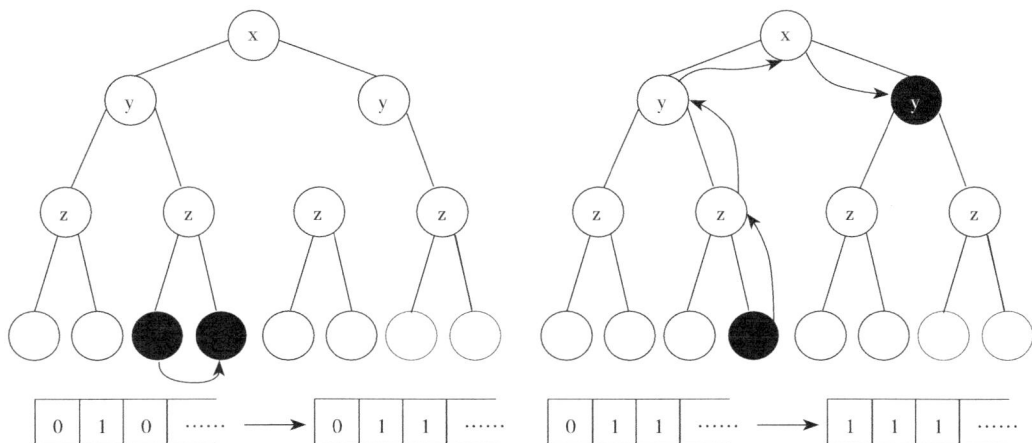

图3-30　KD-Tree遍历

（5）空间查询和分析

二维中的大部分查询（包括属性查询、空间查询）、分析功能都可以在三维系统中使用，同时三维系统还会提供淹没分析、三维量算等分析功能。三维空间查询与分析，就是直接在三维空间中进行空间操作与分析，并对空间对象进行三维表达与管理。空间分析是面向用户的，通过空间分析解决用户特定的问题，为决策者直接提供决策支持。

三维空间查询分析具体可分为以下几类：空间查询包括图形查询、属性查询、混合查询、模糊查询等；空间量测包括距离、方位角、面积、表面积、体积、建筑密度、容积率等；三维场景编辑包括单个地物、某类地物、整个场景等；场景控制包括交互与自主方式；三维地形分析包括坡度、坡向、剖面分析等；通视分析；叠置分析；缓冲区分析；日照阴影分析；洪水淹没分析以及某些专题指标的统计分析等。

1）空间查询方式

①基于属性数据的查询

根据空间目标的属性数据来查询该目标的图形信息或者其他相应的属性信息。基于属性数据的查询主要包括两个方面的内容：基于地物目标的属性信息，查询其对应的图形信息；基于地物目标的某种属性数据（或者属性集合），查询该目标的其他属性信息。

②基于图形数据的查询

基于图形数据的查询是一种可视化的查询手段，用户通过在屏幕上选取地物目标来查询其对应的图形和属性信息。基于图形数据的查询包括两种方式：点选查询和区域查询。从查询内容方面来看，基于图形数据的查询包括两个方面的内容：基于屏幕显示的地物目标，查询该目标的属性信息；基于地物目标，查询与该目标关联的扩展属性、图形信息。

可视化空间查询是为方便用户输入查询条件而设计的，查询的过程是通过屏幕捕捉获取目标的坐标信息，根据坐标信息在图形库中查询对应的图形及其ID，再翻译成形式化的SQL语言到关系数据库查询出相应的结果。

③图形与属性的混合查询

图形与属性的混合查询也称基于空间关系的属性特征查询，是指查询条件同时包括了图形部分的内容和属性方面的内容，查询结果集应该同时满足这两个方面的要求。整个查询计算涉及属性信息查询、空间拓扑关系以及空间距离关系。查询的结果可以是图形的屏幕显示或者属性的报表显示，并可以逐个定位到满足条件的每一条记录。

2）空间量算

空间量算是各种空间分析的定量基础，传统的二维GIS在空间量算时仅考虑了对象在平面上的投影，难以顾及由第三维坐标参与带来量算的真实性。在三维地理信息系统中，根据地理实体类型的不同，空间量算可分为以下几类：空间坐标、空间距离、方位角、表面积、投影面积、基地面积与建筑面积、建筑密度等。

3）通视分析

通视分析也称可视性分析，是指从一个给定的视点出发所能看到的区域位置及大小。通视分析包括空间任意两点之间的通视性（intervisibility）分析和空间任意位置处的可视域（viewshed）分析两类问题。如图3-31所示，两个观测者相互之间不可见，水平视图中显示了第二个观测者可视和不可视的区域。通视分析是在三维空间进行城市规划与设计中常用的分析方法之一，广泛应用于城市规划与建筑设计中的视觉效果评估、无线通信基站选址、道路选线、航线优化等领域。从目前的应用来看，通视分析包括只考虑地形因素和综合考虑地物因素的分析两大类。前者仅基于DEM进行通视的分析，不考虑地表的树木、建筑物等因素；后者在前者的基础上，同时考虑地表三维几何模型及其属性信息。

①可视性分析原理

可视性分析理论中，最基本的是空间两点之间的可视性判断及某一点的可视范围，进而计算空间中任一点的可视域范围以及更为复杂的各种问题。考虑地物高度的可视域计算模型为：

$$S = \frac{V\left[(h+t)-(o+t_{w})\right]}{(H+T)-(h+t)}$$

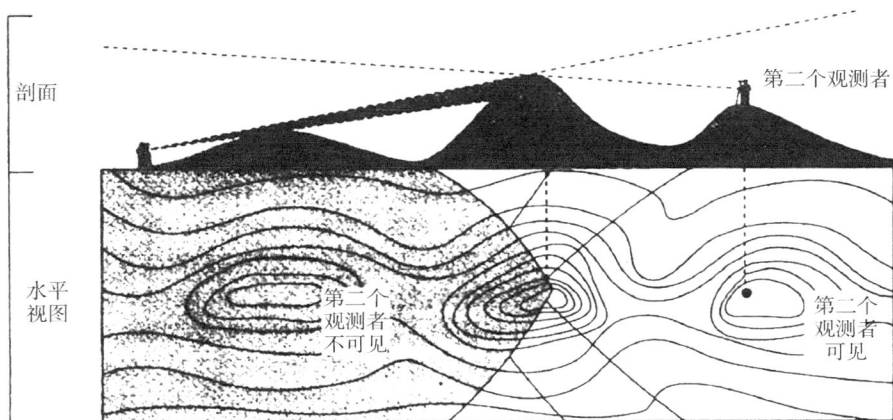

图3-31　通视分析示意图

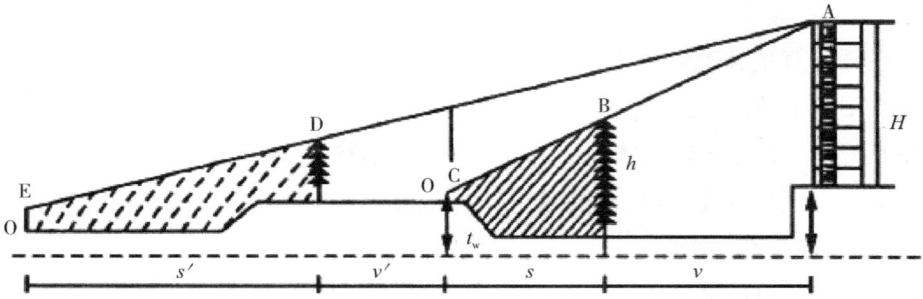

图3-32 可视性分析的基本原理示意图

式中，S为不通视部分的长度；V为通视部分的长度；H为建筑物高度；T为建筑物所在位置的地面高程；h为中间障碍物的高度；t为中间障碍物的地面高度；o和t_w分别为观察者的身高和所在位置的地面高程。上式可以求出建筑物A的顶层不能看到的地面范围，当获得了不可视域的范围后，即可求得可视域的范围，见图3-32。

②通视分析

通视分析定义为空间上任意两点之间在直线方向的可见性。通视的条件取决于观测点与目标点之间是否存在妨碍视线的障碍物，如地形或地物因素。如图3-33所示，两个点P_1和P_2相互通视的条件为P_1与P_2之间的所有点高程都位于P_1和P_2连线之下。如果有任何地形或地物高于这两点所建立的视线，则表示视线被阻挡，即为不通视。

比较常见的一种判断两点之间可视性的算法思路为：

a. 确定过观察点和目标点所在的线段与XY平面垂直的平面S；

b. 求出地形模型中与S相交的所有三角形边的交点；

c. 判断所有交点是否位于观察点和目标点所在线段上，如果有一点在其上面，则观察点和目标点不可视。

另外一种算法是所谓的"射线追踪法"，它的基本思路是对于给定的观察点和某个观察方向，从观察点开始沿着观察方向计算地形模型中与射线相交的第一个面

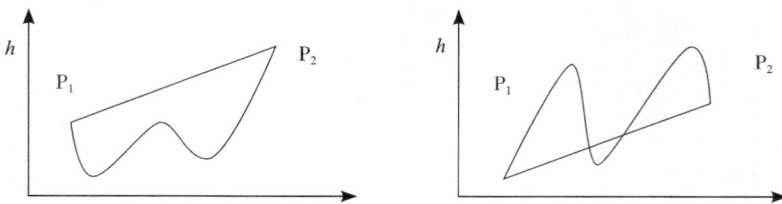

图3-33 通视与不通视

元，如果这个面元存在，则不再计算。显然这种方法既可用于判断两点相互间是否可视，又可以用于限定区域的水平可视计算。

上述两种算法都适用于基于Grid和基于Delaunay三角网的可视分析，但是仅涉及地形的计算。当考虑地形之上的地物高度因素时，应首先在场景中查询得到视线P_1P_2所穿越的地物几何模型。对这些模型进行剖面分析，根据剖面分析的结果判定两点是否通视。

③可视域分析

可视域分析是指在全部或有限范围内，从一个视点上所能看到的区域。根据视点数量的不同，可以分为单点可视域和多点可视域。通过视点和目标点间的空间关系所形成的参考面来判断观测点与所有目标点是否可视的算法，简称"参考面法"，是一种较好的基于视线的可视域算法。其基本原理是：计算某视点$S_{i,j}$的可视域时，首先将通过视点$S_{i,j}$和目标点$d_{m,n}$附近的两个同行号或同列号的辅助格网点的平面$P=p（m, n）$定义为参考面。辅助格网具有与已知DEM相同的点数，记为$R=\{rm, n\}（m=1, 2, \cdots, M; n=1, 2, \cdots, N）$，$M$和$N$为对应DEM行列数。视点$S_{i,j}$与目标点$d_{m,n}$可视的前提是它必须位于参考面$p（m, n）$之内或之上，$p（m, n）$由视点$S_{i,j}$和在目标点$d_{m,n}$之前（比$d_{i,j}$也更接近$S_{i,j}$）的两个相邻的辅助格网点形成。如果目标点$d_{m,n}$可见，则相应的辅助格网点$r_{m,n}$的值等于$d_{m,n}$的高程值，则可视矩阵点$v_{m,n}$值为真；否则，$r_{m,n}$值等于正好使得从$S_{i,j}$到$d_{m,n}$可视的最小高程值$Z$，则将可视矩阵点$v_{m,n}$的值设置为假。通过从视点向外计算，由辅助格网点和视点形成的参考面定义了一个局部视场，并可用于判断下一个DEM格网点与视点的可视性。与传统基于视线的可视域算法相比，由于不用进行视线相交格网的DEM内插计算，因此该算法简单、高效。另外，该算法还有一个较好的特性，即其运行时间与视点的位置和可视域面积大小无关。

3.3.3　CIM数据服务高效调用

项目重点研究了Web条件的CIM数据服务高效调用。针对多细节层次三维空间数据自适应可视化的特点，在三维实时可视化过程中，通常会在瞬间产生大量的三维空间数据查询请求，尤其是多用户并发对三维应用服务器造成的巨大负载，需要在三维应用服务器上建立支持多用户并发的多线程模型，达到多用户请求并行处理的能力。基于此，搭建基于线程池和数据库链接池的多线程调度模型，有助于线程池模型实现多线程并发控制，且动态自适应调整；数据库链接池模型实现数据库链接的重用，提高对数据库操作的性能。通过建立基于数据内容的多线程调度任务分配机制，使不同类型数据的调度任务能并行处理，并合理分配在多核处理器上的工作负载。同时建立三维空间数据实时调度与预调度相结合的调度机制，通过实时调度和预调度分别建立不同的线程池和数据库链接池，达到实时调度和预调度并行处理的目的，并通过基于视点预测和数据内容相关性的三维空间数据预调度方法，将下一步可能实时调度的数据预先从三维空间数据库中读取出来，并在应用服务器缓存中进行管理，提高应用服务器缓存的命中率，使实时调度不再频繁的进行数据库查询操作，显著提高数据调度的效率。

3.3.4　服务聚合共享

随着CIM平台的使用，注册到CIM平台的BIM数据、基础地理数据服务和公共专题数据服务必然会越来越多。这些服务当中有些不能完全满足用户需求，还需要对其进行部分提取，平台提供服务拆分技术，将大范围的地图服务按照用户要求进行拆分，形成用户需要的特定范围内的服务。

另外，对于很多用户来说，可能需要从平台申请几十个服务来支撑一个业务系统的应用，这也会让用户眼花缭乱，加重用户运维成本。通过服务聚合功能，可以将n个服务通过聚合器聚合成1个服务，给用户带来便利。同时，在很多情况下，政府部门之间或者设计、审批单位之间的电子政务网络是星形网络结构，这就意味着各部门间网络不能互通，只能访问到上一节点的网络，通过服务聚合技术，可以解决这一问题。

平台设计了逻辑服务，在单个服务发布完成后，用户通过添加逻辑服务，可以将多个服务组织成一个逻辑服务，也可以将一个服务拆分成几个服务添加需要的服务进逻辑服务，并重新发布。用户可根据需要，配置自己的逻辑服务。

（1）服务聚合

微服务架构是一种将一个单一应用程序开发为一组小型服务的方法，每个服务运行在自己的进程中，服务间通信采用轻量级通信机制（通常用http资源API，如RESTful API）。这些服务围绕业务能力构建，并且可通过全自动部署机制独立部署。这些服务共用一个最小型的集中式的管理，服务可用不同的语言开发，使用不同的数据存储技术。

微服务应用架构中所有服务都注册到服务发现组件上，服务之间使用轻量级的通信机制。可以看到，除了Service A、Service B，还有服务发现组件、服务网关、配置服务器等组件（图3-34）。

（2）数据共享与服务

CIM数据共享应包含在线共享、前置交换和离线拷贝三种方式。在线共享可提供浏览、查询、下载、订阅、在线服务调用等方式共享CIM数据；前置交换可通过

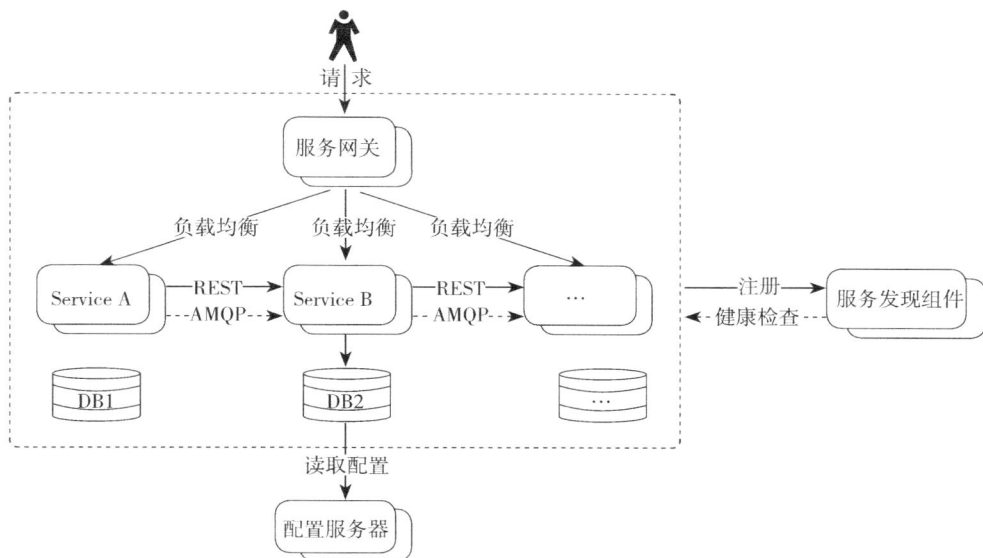

图3-34 微服务架构图

前置机交换CIM数据；离线拷贝可通过移动介质拷贝共享数据。CIM数据共享与交换应包含通过CIM基础平台直接相互转换数据格式和采用标准的或公开的数据格式进行格式转换。

CIM数据集成网关处理用户的数据请求，并支持用户通过多种方式来访问数据，同时提供标准化的数据服务，包括REST、WFS、WMS等服务，支持多用户分发、数据快速检索，支持消息队列，实现系统的统一访问。

（3）数据更新

CIM数据集成网关利用数据总线等技术，实现对各种数据的接入，支持服务注册、格式转换、数据清洗等功能，并支持对接入的服务进行管理。可以单次以WebService服务或按批次以二维、三维服务用来触发CIM平台中相关行为对象产生行为。

3.4 城市运行的动态感知信息模型技术

3.4.1 多路实时视频与CIM场景自动融合

基于启发式算法的多路实时视频与CIM场景自动融合技术，能够针对无法准确获得摄像头空间位置及相机内外参数的问题，基于启发式算法的模拟退火法研发程序自动计算出摄像机位置、方位及投影矩阵参数，实现摄像头实时视频与三维场景的自动、快速、精确位置匹配，支持多路视频与CIM场景自动融合，相邻摄像头实时视频可无缝衔接，支持投影畸变自动优化改善并提供自定义投影范围编辑，支持多视频同步机制，同一时刻支持多达六路视频同步播放。

（1）概述

在GIS领域中，基于倾斜摄影测量技术制作的实景三维场景具有多项优势，不仅能完整地还原地形地貌，还能还原城市环境中的建筑物外立面、近地面广告牌等环境细节，而且具有高精度的可量测性，可进行全角度的三维测量。但是，实景三维场景是某一时间节点的成果，本质上属于静态地图，数据的现势性问题无法避免。为解决这个问题，实景三维GIS越来越多地接入物联网传感器，融合现实世界的动态情况，来满足各自的业务需求。如接入定位信号，在实景三维场景中显示人员和车辆实时位置等。其中一项最重要的物联网传感器就是视频监控设备，负责将现实世界的实时图像信息接入由实景三维数据构建的虚拟现实场景，并得到广泛应用。然而单一视频监控图像的视域范围有限，多路视频切换或分屏播放都会导致监控目标失去焦点，影响监控效果。同时屏幕化的视频监控图像孤立于周边环境，不能通过屏幕画面直观地了解视频监控图像在现实世界中的确切位置及其与周边环境的关系。因此将视频监控图像以几何投影方式贴合到地面（简称视频贴地）融合到实景三维场景中，多路视频画面在空间上拼接，形成较大区域的连续画面，确立完整的视频监控环境，成为GIS应用研究中一项十分必要的工作。

目前，已有不少方法实现了三维场景与视频监控实时画面融合，但这些方法都需要人工完成视频画面与三维场景的校准，系统用户需要调整摄像头的地理坐标、朝向、俯角、拍摄距离等多个参数的值来找到最优解，这几种参数组合起来让调整的次数可能达到成千上万次，而且不一定能够找到最优解，效率低且准确度不高。

CIM无缝集成了包括实景三维模型、人工建模的精细三维模型、BIM模型等数据，对三维场景与视频监控实时画面融合提出了更高的要求，例如CIM场景中精细三维模型的位置、高度、大小、长度等可能与现实世界物体存在误差，导致增加了三维场景与视频监控实时画面精准融合的难度。

（2）技术设计

基于启发式算法的多路视频与CIM场景自动融合的具体技术实现路径如下（图3-35）：

1）寻找视频监控图像与CIM场景的同名点

采用AI＋人工辅助的方式来确定4个或以上的视频监控图像与CIM场景同名点。首先利用快速特征匹配算法批量寻找到视频监控图像与CIM场景的同名点，然后结合人为判断找到4个或以上的同名点（图3-36）。

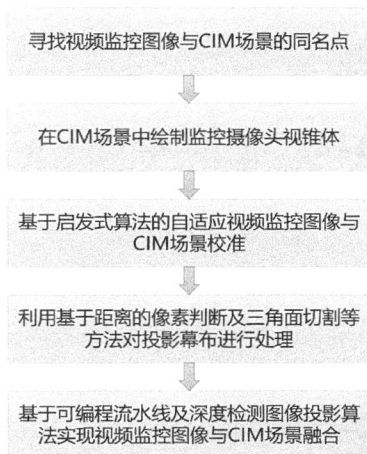

图3-35　技术实现路径

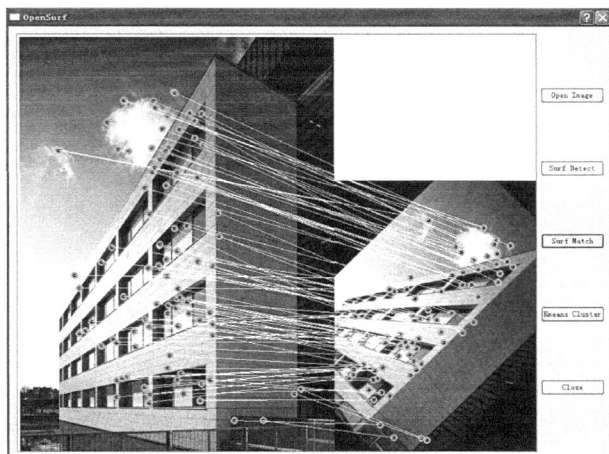

图3-36　寻找同名点

2）在CIM场景中绘制监控摄像头视锥体

视频监控拍摄的画面本质上是镜头曝光平面沿着视锥体在地面上的投影。而视频监控图像与CIM场景融合的关键问题就是将监控图像与CIM场景中的同名点配准，实现同名点的重合，也就是将画面逐个像素的坐标从本地坐标系转变到视锥体裁剪坐标系中。依据这个思路，在CIM场景中同样还原相机的空间位置和安装姿态，并且模拟镜头的视锥体，在视平面还原视频监控图像，利用视锥体获得其在CIM三维数据表面的投影范围即可实现图像投影融合（图3-37）。

具体操作方法是在CIM场景中，摄像机的位置设定为观察点的位置，然后输入视频监控摄像头的地理坐标、朝向、俯角、画面宽高比等，然后拉伸一个视锥体（图3-38）。

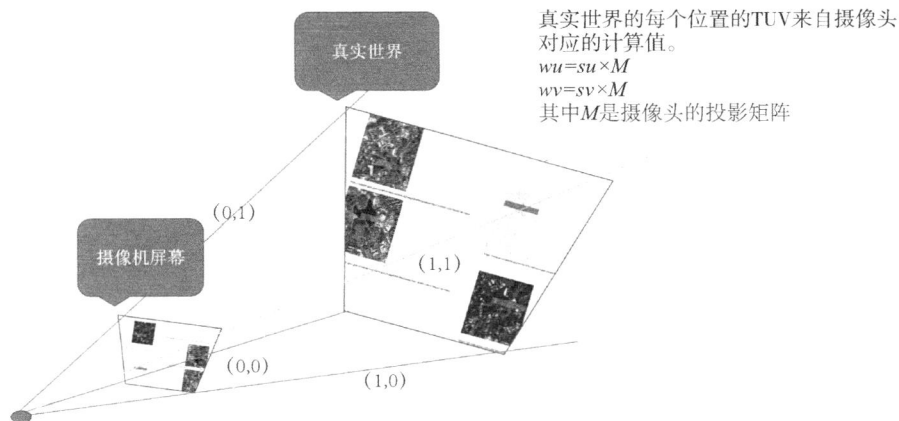

真实世界的每个位置的TUV来自摄像头对应的计算值。

$wu=su\times M$

$wv=sv\times M$

其中M是摄像头的投影矩阵

图3-37　视锥体

图3-38　在CIM场景中绘制视锥体

3）基于启发式算法的自适应视频监控图像与CIM场景校准

以上一步建立的视锥体作为初始解，利用启发式算法的模拟退火法，实现不断自动调整视锥体的各种参数来计算监控图像与CIM场景中的同名点的误差，即计算投影矩阵和投影偏差，找到误差最小的最优解，也就是最优的视锥体。

4）利用基于距离的像素判断及三角面切割等方法对投影幕布进行处理

最优的视锥体找到后，还需要对CIM场景投影幕布进行剪裁，以实现监控视频画面与CIM场景的贴合。本项目利用基于距离的像素判断及三角面切割等方法对CIM场景投影幕布进行处理，这种做法也区别于大多数技术采用剪裁视频源的做法，可以更灵活、更方便的调整投影幕布，也可以最大程度解决图像分辨率低及多路视频融合重叠的问题。

5）基于可编程流水线及深度检测图像投影算法实现视频监控图像与CIM场景融合

利用深度图像配准，通过寻找一种空间变换把视频监控画面映射到CIM三维场景上，使得两种数据中对应于空间同一位置的点一一对应起来，达到单个视频监控摄像头或多个视频监控摄像头的实时视频画面与CIM三维场景信息的融合。融合效果见图3-39。

（3）对启发式算法的改良

启发式算法（Heuristic Algorithm）是相对于最优算法提出的。一个问题的最优算法求得该问题每个实例的最优解。启发式算法可以这样定义：一个基于直观或经验构造的算法，在可接受的花费（指计算时间和空间）下给出待解决组合优化问题每一个实例的一个可行解，该可行解与最优解的偏离程度一般不能被预计。现阶

图3-39　多路实时视频与CIM场景融合的效果

段，启发式算法以仿自然体算法为主，主要有蚁群算法、模拟退火算法、神经网络算法等。

模拟退火算法（Simulate Anneal Arithmetic，SAA）是一种通用概率演算法，用来在一个大的搜寻空间内找寻命题的最优解。模拟退火算法是解决TSP问题的有效方法之一。

1）模拟退火算法的模型

模拟退火算法可以分解为解空间、目标函数和初始解三部分。模拟退火算法的基本思想：①初始化：初始温度T（充分大），初始解状态S（是算法迭代的起点），每个T值的迭代次数L；②对$k≤1$，…，L做第③至第⑥步；③产生新解S'；④计算增量$\Delta t' = C(S') - C(S)$，其中$C(S)$为评价函数；⑤若$\Delta t' < 0$，则接受S'作为新的当前解，否则以概率$\exp(-\Delta t'/T)$接手S'作为新的当前解；⑥如果满足终止条件，则输出当前解作为最优解，结束程序。终止条件通常取为若干个连续新解都没有被接受时终止算法；⑦T逐渐减少，且$T>0$，然后转第②步。

2）对模拟退火算法的改良

模拟退火算法是逐步优化的方法，其基本思路是根据变化梯度更新当前解。视频投影包括众多参数，大部分参数具备三维空间特征，故可以假设一定三维空间范围的解空间具备稳定的峰值（谷值）。故在模拟退火算法中，先进行较大三维空间的优化值查找，再对较优的三维空间进行空间再划分，以此形成多级模拟退火算法。为了提高最优解的准确性，算法保留一定数量的次优解作为备选搜索空间。

（4）小结

利用启发式算法中的模拟退火算法，解决了在无法准确获得摄像头空间位置及相机内外参数的情况下，可自动、快速、自适应的求解摄像机位置、方位及投影变换参数，实现视频与三维场景的较高贴合，不需要人工通过系统调整摄像头的地理坐标、朝向、俯角、拍摄距离等多个参数的值来实现视频监控摄像头实时视频画面与CIM三维场景信息的融合，为高效、准确实现多路视频与CIM场景自动融合提供了一种有效的解决方案。

3.4.2　对象模型化配置的巡查采集技术

研发基于CIM平台的对象模型化配置的巡查采集技术，基于CIM平台将市政设施、执法对象、调查对象抽象为巡查事件/实体，移动端通过获取配置结果JSON数据动态生成巡查采集App，完成表单、地图资源、接口服务的定制；移动端动态生成的巡查采集App包括用于解决离线采集的原生Android应用、用于支持多平台使用的HTML5应用，两者均使用动态界面构造引擎，通过约定接口完成动态界面构造和数据提交，解决了现有技术中巡查采集开发存在的问题，大幅度提高开发效率，几乎"零编码"的获得信息高扩展能力的巡查采集移动应用产品，见图3-40。

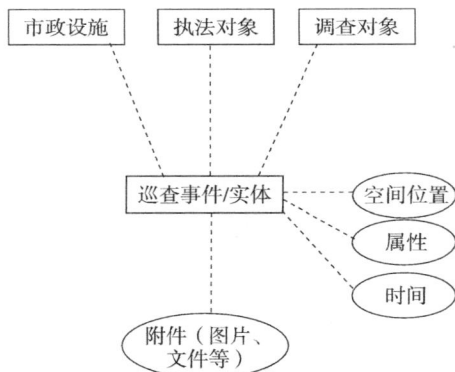

图3-40　巡查采集技术框架

3.5　城市的场景仿真模拟技术

采用细节层次模型（Level of Detail，简称LOD）对包含有二维要素、实景三维模型及建筑信息模型等的复杂场景进行高逼真渲染，恰当地选择细节层次模型可在不损失图形细节的条件下加速场景的显示，提高系统的响应能力。细节层次模型也称多分辨率模型（Multi-Resolution Modeling）、层次模型（Hierarchical Model），旨在考虑用户视觉误差的前提下减少图形绘制数量，将根据物体模型的节点在显示环境中所处的位置和重要度，决定物体渲染的资源分配，降低非重要物体的面数和细节度，从而获得高效率的渲染运算。

根据三维可视化的实现原理，物体在屏幕上的投影面积由物体的实际面积、距离视点的位置以及物体与屏幕的夹角共同决定（图3-41）。设视点张角为a，投影平面的边长为L，被投影线段的长度为l，视点与该线段中心的距离为d，线段与投影平面的夹角为p，物体单位长度在投影平面上的像素数为λ，则线段l在投影平面上的投影长度T（像素数）为：

$$T = \frac{l \times \cos\beta \times L \times \lambda}{2 \times \tan\frac{\alpha}{2} \times d}$$

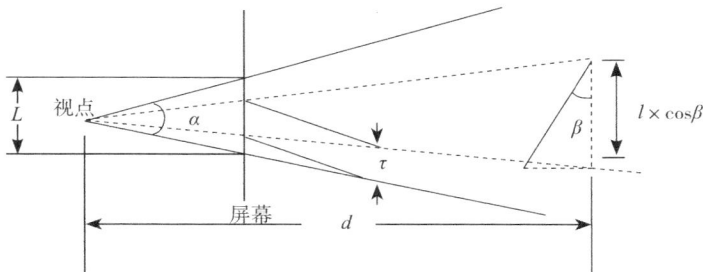

图3-41 LOD投影面积与实际面积、距离视点的位罚以及视线与图形单元夹角的关系

可见，物体的实际面积越小、距离视点越远、与投影平面的夹角越大，图形单元在屏幕上的投影面积就越小。根据人们的视觉特征，可以降低显示时使用的模型分辨率，而不会对视觉有太大的影响。LOD模型通过降低图形模型的复杂度，减少了图形单元的绘制量，从而提高了物体的绘制速度。使用LOD模型实现简化的基本原理是：物体绘制前，根据不同的控制误差δ_t提前生成若干个不同分辨率的简化模型，即金字塔模型；在绘制时，根据物体距离视点的位置d、用户允许的屏幕误差ρ，计算实际物体的最大允许误差δ_{max}，即：

$$\delta_{max} = \frac{2 \times \tan\frac{\alpha}{2} \times d \times \rho}{\cos\rho \times L \times \lambda}$$

然后在上述多个简化模型中选择$\delta_t \leqslant \delta_{max}$与$\delta_{max}$最相近的简化模型。当视点位置变化时，重新计算$\delta_{max}$并选择相应的简化模型进行绘制。

　　各分辨率简化模型的生成原则是：在尽可能保持原始模型特征的情况下，最大限度地减少原始模型的三角形和顶点数目。它通常包括两个准则：①顶点最少准则，即在给定误差上界的情况下，使得简化模型的顶点数最少；②误差最小准则，给定简化模型的顶点个数，使得简化模型与原始模型之间的误差最小。LOD模型自提出以来，在计算几何、计算机图形学、计算机视觉等领域得到了广泛应用，地形可视化的LOD 模型的分类体系以及相应的代表算法如表3-1所示。

LOD模型的分类体系以及相应的代表算法　　　　　　表3-1

分类标准	LOD模型类型	代表算法
生成原理	简化方法	PM；Hoppe，1996，1998
		CLOD；Lindstrom，1996
		区域合并法；汤晓安等，2002
		贪婪插入法；Garland，1995
	细分方法	ROAM；Duchaineau，1997
		SOAR；Lindstrom，2001，2002
		CLOD；Lindstrom，1996
数据源	基于Grid的LOD模型	ROAM；Duchaineau，1997
		RTIN；Evans，2001
		HTIN；Floriani，1992
	基于TIN的LOD模型	贪婪插入法；Garland，1995
		PM；Hoppe，1996，1998
		VIPM；Bloom，2000
生成时机	静态LOD模型	Chunked LOD；Ulrich，2002
		EIH；王宏武，1999；徐章炜，2000

　　针对二维GIS、三维模型和BIM数据源，项目采用CityGML定义的LOD级别进行数据层面的融合与分层LOD渲染（图3-42）。

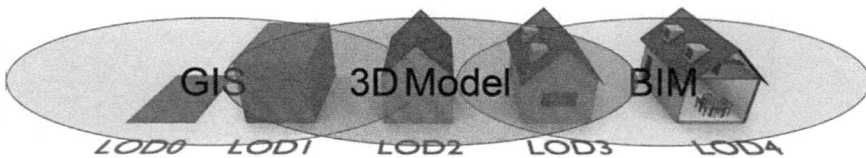

CityGML标准定义的0～4级LOD

Linking different disciplines

图3-42　二维GIS、三维模型与BIM的LOD分层

3.5.1 城市设计场景模拟与优化技术

针对城市设计场景应用需求开展基础研究，融合CIM平台研发基于互联网词频生成城市认知地图的规划模拟关键技术，通过利用地名和道路的百度网络词频量作为基础，对城市的地点、交叉口点、路段线以及街区面三要素进行定量的认知分析，找出城市网络认知度较高的路段及区域，生成点、线、面的城市认知地图，为城市物质形态的规划设计模拟提供新的基础性技术支撑。

针对城市规划场景模拟难以准确反映民众意愿的难题，融合CIM平台研发基于网络图片的建成环境景观特征识别关键技术，通过还原网络媒介中民众拍摄的站点、焦点位置分析城市建成环境景观的视觉热点，利用开源工具统计对比不同城市环境中网络图片的特征视觉元素，关联CIM平台辅助城市景观设计与规划编制，技术路线见图3-43。

此外，基于CIM平台的BIM和GIS参数化结构化建模设计方法，利用参数化和结构化来构建BIM和GIS相结合的三维场景，解决了在微小场景中关于设计、位置定位、参数更改对模型的更新以及场景的构建性问题。

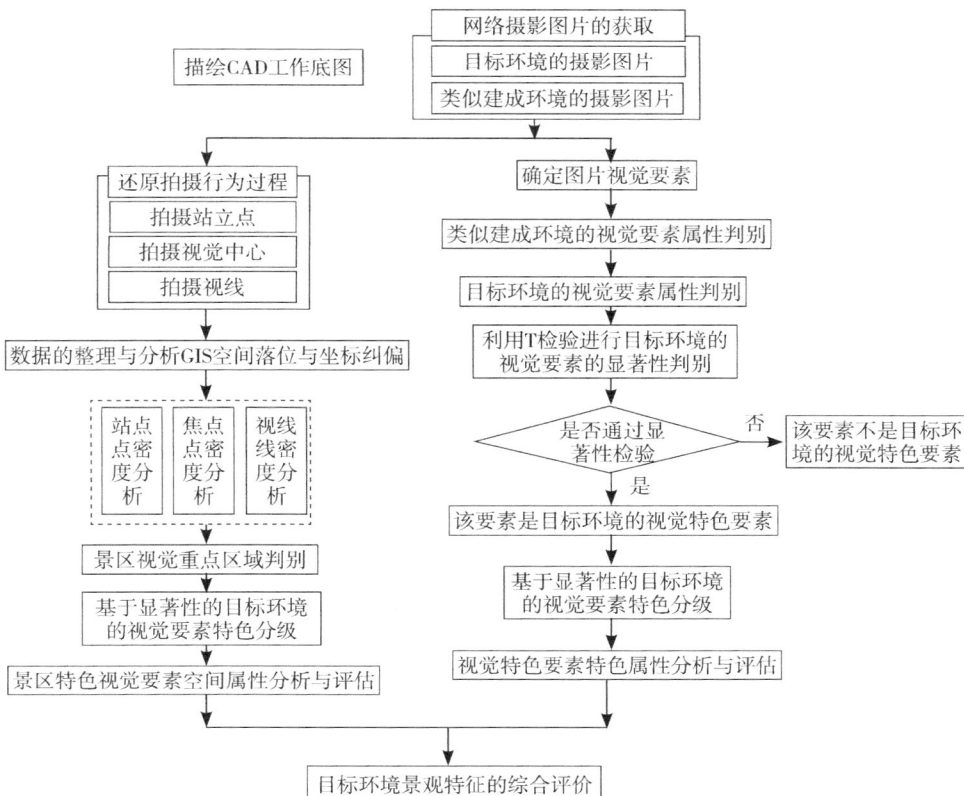

图3-43 基于网络图片的建成环境景观特征识别关键技术

3.5.2　多层级LOD高效调度

基于多级LOD调度，利用多种数据处理算法、空间索引技术、数据动态加载及多级缓存等方法，有效提高三维数据调度性能，实现无缓存的高速加载调用。

（1）空间索引加速技术：针对大规模城市场景数据（建筑、绿化、部件、地形等），通过空间分布关系，按照一定的区位、密集度、复杂度等要素，通过对数据对象化，并建立空间索引关系，提高平台运行效率。

（2）数据动态加载：针对海量数据在客户端，通过多线程行处理，利用KLCD、LOD、遮挡剔除等技术，当前视野范围内的空间数据通过动态层次加载，同时将一定范围外的数据进行剔除，使机器内存、CPU动态平衡，从而保障整体性能提升。

（3）多级缓存技术：针对海量数据传输到客户端本地后，建立本地的空间文件数据库，并对文件建立加密处理，大大提高后期的访问运行效率，同时也保障数据的安全性。

3.5.3　多层级LOD轻量化渲染

构建LOD的主要难点在于如何建立几何体的层次细节模型。项目研究了利用倾斜摄影数据生产技术和三维模型简化技术对倾斜摄影数据和人工模型数据进行LOD数据生产，以解决几何体层次细节模型建立的难点问题。

构建LOD的难点还包括不同层级细节的自然过渡，以及不同层级数据在场景中的分布。基于场景图的LOD组织管理技术能很好地解决此难点。场景图是用于组织场景信息的图或树结构，一个场景图中包含一个根结点、多个内部组织层级结点、多个叶子结点。场景图的各个层级都具备调度信息，调度信息决定了各个层级细节的过渡，也决定了不同层级数据在场景中的分布。基于视点的LOD控制可以根据用户的视点参数来选择满足条件的不同层次细节，有效地控制不同层级细节的自然过渡，以及不同层级数据在场景中的分布。

三维场景中的几何体通常是由顶点组成的，但是要实现某个物体的真实显示却远没有这么简单。比如光照和材质，假设场景中不存在光照，那么看到的将是一个漆黑的箱子抑或不规则形体；假设物体不存在任何表面材质（环境色、散射色、镜面反射色等）的属性，那么结果同样不理想。又比如纹理，也就是几何体上的表面贴图。使用纹理可以直观地告诉观察者，一个立方体物体是铅笔盒还是大衣柜。这些光照、材质、纹理表现的就是某一种渲染的状态。系统基于OpenGL开发，而OpenGL是一种状态机，更准确地说，它是一种有限状态机，即它所保存的渲染状态值是预先定制且个数有限的。对于一个使用OpenGL开发的程序，它在每一时刻都会保存多个渲染时可用的状态值。直到下一次用户改变这个状态之前，该状态的内容都不会发生变化。而冗余的渲染状态设置以及频繁的状态切换，都会导致渲染效率的大幅下降。通过对场景对象渲染顺序的调整，使相同状态的对象使用同一个状态进行渲染，减少了渲染状态的冗余以及切换频率；通过对渲染状态的排序，对场景对象进行有序渲染，再次降低了状态切换的频率，达到了提升渲染效率的目的。

3.5.4　CIM材质纹理优化策略

三维平台采用材质纹理表征真实的物理世界。一般情况下，材质数据远多于几何数据，占据了大量的存储和绘制设备资源，在模型绘制时，显著增加了纹理载入次数和绘制批次，影响模型渲染效率。同时城市三维模型的纹理数据具有数据量大、尺寸不一致、图像质量低等特点，故优化材质数据是CIM平台优化的必要技术路径。

材质纹理的优化可分为材质结构的优化及材质加载调用的优化。前者是指优化材质数据的结构信息，使之存储更有效的信息；后者是为优化加载和显示策略进行的优化。

随着三维技术和计算机技术的发展，除了引入基本的纹理LOD技术，我们还采用智能算法优化材质，最大限度地提高材质的使用效率，优化渲染效果。

CIM材质优化策略包括：基于遗传算法的纹理合并技术；基于图像熵和清晰度的纹理压缩策略；基于KTX的材质纹理选择策略；基于边缘计算的材质替换策略。

（1）基于遗传算法的贴图合并

一般而言，一个三维模型具有多个材质纹理。当纹理数量非常多的时候，会严重影响加载效率和渲染效率。基于贴图合并的思想，利用遗传算法将纹理图片进行贴图合并，减少图片数量，从而达到模型轻量化的目的。具体实现思路为，利用最低水平法对模型贴图进行排样，与遗传算法相结合找出排样最优解，将多张贴图合并到一张贴图中，压缩模型数据量，减少碎片化的访问时间，提高模型加载与显示效率（图3-44）。具体实现步骤为：

图3-44　贴图合并后的效果图

1）对所有贴图按照十进制的方式进行编号，贴图编号组成一个整数序列；

2）初始种群对已编号的贴图随机生成个贴图序列，作为父辈群体；

3）对于 M 个贴图序列，随机的两个序列进行交叉，产生新的 M 个子辈贴图序列群体；

4）将交叉后的每个贴图序列进行随机变异操作，生成新的子辈贴图系列群体；

5）对每组贴图序列按照最低水平线法进行排样，并计算所有父辈和子辈的贴图序列适应度值；

6）比较所有的适应度值，取符合适应度值阈值要求或者迭代条件的最大值所在的贴图序列作为最优解，并将剩余的贴图重复以上步骤，直到所有的贴图都完成合并。

以某片区的模型为例，对贴图进行合并，发现合并后贴图数量减少87%，大大提高贴图请求效率，从而提高渲染效率（表3-2）。

合并前后贴图数量对比　　　　　　　　　　　　　　　表3-2

	贴图数量	模型数量
原始数据	16795	2149
以模型为单位合并贴图	2154	2154

（2）材质纹理压缩策略

由于现有的建模、采集等技术固有的缺陷，存在信息含量低但分辨率高的图像，造成了不必要的空间浪费。因此，可利用材质纹理压缩技术对这些图像进行压缩。如下，图3-45尺寸大于图3-46，但信息量远远低于图3-46。

图像的熵值和清晰度是衡量图像信息含量的重要指标。熵值是衡量图像信息丰富程度的指标，熵值越大，图像信息含量越高，反之亦然。清晰度是图像质量评价的重要标准之一，清晰度较高的图像一般具有较为丰富的细节信息、较高的分辨

图3-45　尺寸156mm×256mm，熵值3.002

图3-46　尺寸128mm×64mm，熵值6.0798

率和较大的尺寸。在CIM场景中，模型在不同场景下的展示效果有所差异：大场景下无需展示模型纹理细节，小场景下则需要展示详细细节。因此，可基于信息熵值和清晰度对图像进行合理压缩，主要的技术流程如图3-47、图3-48所示。

（3）Ktx2材质的使用

一般模型的材质类型包括jpg、png、webp和压缩纹理格式（dds），这些材质是常规的计算机图像格式。为提高渲染效率，通常会使用压缩纹理格式（图3-49、图3-50），同时也可以将传统的图片材质转为压缩纹理格式，但是在转换的过程中需要经过解码，会出现图像质量下降和体积变化，影响渲染效果。Ktx2材质是谷歌提出的一种新的材质类型，相比于传统的jpg等图像格式，具备转码快速、体积更小、加载效率更高、更加节省内存（显存）等优势（表3-3）。但一般的三维引擎并不完整支持Ktx2材质，故需通过修改三维引擎如着色器代码来支持Ktx2材质的加载。

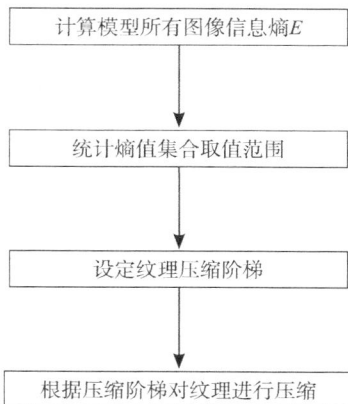

图3-47　基于熵值的图像压缩

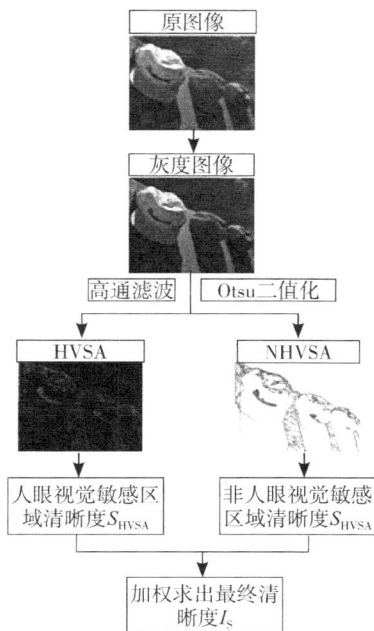

图3-48　基于清晰度的图像压缩

图3-49　纹理压缩前

图3-50　纹理压缩后

不同类型贴图优劣势对比

表3-3

格式	优势	劣势	备注
传统格式 （jpg，png）	使用简单	需要GPU解码，并且体积大	
webp	理论上体积比传统的格式（jpg，png）小25%~34%	图片质量会下降，同样需要GPU解码	
压缩纹理格式 （dds）	无需gpu解码，节省显存	体积变大	有些数据转为dds后甚至达到原来体积的750%
Ktx2	可快速转码为压缩纹理格式，体积通常比传统格式小	需要转码为压缩纹理格式	

（4）基于边缘服务器的材质替换策略

低精度LOD的材质纹理数据的数据量比较少，但抢占了大量的网络线程。为减少网络请求，可使用相似纹理。在使用相似纹理之前，需要将模型的瓦片数据与纹理数据做分离，计算低精度LOD材质纹理的特征，再匹配相似的纹理数据。而边缘服务器存储低精度的LOD纹理，通过边缘计算快速匹配及响应，从而实现低精度LOD材质的网络访问。

纹理作为构建真实感三维模型的重要组成部分，其质量的好坏直接影响模型的显示效果和加载效率。本项目结合模型LOD技术，对模型的材质纹理进行优化，最大限度地提高模型加载效率和优化展示效果，同时对于减少模型数据量、优化存储空间也具有一定的意义。

3.6　基于BIM的工程建设项目智能辅助审批

3.6.1　规划方案智能审查技术

规划方案智能审查技术是指在立项用地阶段，以控规成果、规划设计条件为基础，审查规则为依据，通过计算机工具自动实现方案数据与现有数据的比对，生成审查结果的一种技术。传统的规划方案审查需要人工查阅档案，效率较低，准确性也不能完全保障。通过智能审查技术，一方面可以快速准确地完成技术审查，减少大量的人工查阅档案和审查比对的工作，在很大程度上提高审查效率、缩短审查时间、提高审查精准度；另一方面，智能审查可以生成标准化、结构化的数据成果，为下一阶段的智能审批提供数据基础。

（1）项目合规性审查

在项目策划生成阶段，通过多规合一管理平台和"用地通"工具自动比对规划控制条件，提升一张蓝图、策划生成、用地清单制、区域评估、重点项目、监测评估、年度预计划七方面核心功能，强化项目策划阶段部门审批协同，生成项目合规性审查报告。从而在项目策划阶段实现项目落地和管理，为建设项目快速落地提供保障，提高项目决策的科学性、合理性。

（2）自助机检的智能新模式

通过全面梳理各类规划与空间管制要素，在统一的国土空间规划体系下，明确空间类专项规划目录，统筹整合各类规划和现状数据，统一各类图纸坐标系，衔接各类用地边界，构建"多规合一"的"一张蓝图"，形成管控边界清晰、责任主体明确和管控规则明晰、覆盖城乡的"一张蓝图"数据体系。

依托业务协同平台的"多规合一"系统"一张蓝图"的数据支撑，按照项目合规性审查要点，制定合规性审查规则，构建了建设项目合规性机助评估模型，在"多规合一"系统研发了合规性智能审查模块，提升项目策划生成（年度预计划、联审决策、区域评估、用地清单）的效率和水平。根据项目类型与各类审查规划图层的符合性情况，自动按需提取项目规划审查条件，核查控规指标、土地征收储备情况，同时针对混合用地和规划弹性的需求制定规划审查条件浮动值，即可快速、准确地返回合规性审查结果，同时自动生成机检报告，给出城市总体规划符合性审查建议、土地利用总体规划符合性审查建议、控制性详细规划符合性审查建议、土地征收储备情况审查建议等。

通过"多规合一"系统提供的合规性智能审查模块，项目建设单位可以自己检查项目预选址的合理性，并通过计算机自动生成评估报告，掌握项目对规划的符合性及选址位置土地报批和储备等情况，打破过去只能规划部门进行合规性审查的专业壁垒，提高了项目实操性，加速项目落地，提高项目预选址和立项的科学性。

3.6.2　建筑设计方案智能审查技术

建筑设计方案智能审查技术主要是指在建筑设计方案阶段，通过计算机工具，自动实现建筑方案的面积核算，生成包括容积率、建筑密度等技术指标的技术审查报告。建筑设计方案智能审查技术是建筑设计方案审查阶段的一项重要技术，有着非常重要的意义，主要包括：①智能审查技术实现了指标的准确、自动计算和一键式审批成果的自动化入库，大大提高审查效率和准确性；②规范和净化建设与设计行业，减少不诚信的虚报申请行为；提升了审批的刚性度，减少了自由裁量权；③通过制定技术标准，实现规范设计、审查、信息技术应用，降低报批数据流通成本，实现跨部门、行业数据汇合。

（1）电子报批技术

电子报批技术包括二维电子报批和BIM报批。电子报批通过制定一系列技术规程和管理规程，采用一系列的高新技术手段，可以极大地推动规划和建筑行业的科技创新及设计成果的规范化和标准化。同时，在规划管理审批时，可以结合办公自动化实现真正意义上的图文一体化办公，也为审批信息的数据库建设提供了直接的信息源，使规划管理信息系统的维护和更新得到了保障。电子报批工具主要包括面向设计人员的设计使用端、面向技术审查的审查使用端、面向业务审批的审批使用端。

1）设计使用端

设计使用端中，设计师根据报建要求，将所需面积及相应属性在二维、三维模型中体现，分为三个模块：信息录入模块、面积生成模块以及属性赋值模块。信息录入即将建筑整体与面积计算相关的属性录入，其中部分属性可以通过模型直接获取。面积生成模块分为计算机生成和人工手动辅助两部分：可在计算机中内置需要绘制的面积类型和显示方案，可自动生成相应的带有层数、层高等一定属性的面积视图，然后设计师在每个视图中绘制相应的面积实体即可。绘制完成后，需要使用属性赋值模块工具将各个面积实体需要的属性通过内置选项选择的方式批量赋值，以便后期表单生成时提取计算。

2）审查使用端

审查使用端中，审查人员需要在此系统中实现的是查看和批注的功能，审查使用端相应的功能模块分为：信息及模型查看模块、图形检测模块、错误批注模块及最终的表单生成模块。审查端中可以查看设计师提交的面积平面中所有面积实体的属性，也可以同时查看模型与图纸来审查对应关系与属性的正确性。图形检测模块即计算机自动检测面积实体的包含、重叠等关联关系的正确性，审查人员审查出错误后，可以使用错误批注模块进行批改并反馈给设计端。最后计算机自动生成各种数据表单。

3）审批使用端

将电子报批系统嵌套业务审批系统，由计算机智能比对前期规划条件指标与实际报审文件，规范化、高效化审查环节；同时，在审批环节中应用智能化管控模块，实时监控未达到审查条件的案件，对于不符合办理规则的操作将实时触发廉政风险预警。

（2）BIM正向设计技术

在建筑设计方案阶段推行智能审查和BIM报批，首先需要解决的问题就是BIM源头的问题，BIM正向设计是其中的一项关键技术。BIM正向设计从概念设计阶段开始，直接以三维BIM模型为出发点和数据源，完成从方案设计到施工图设计的全过程任务。设计过程中不需要参考DWG格式的CAD文件，可直接从BIM模型中生成二维施工图纸，交付整套设计成果。BIM技术进行正向设计的要点是：参数化设计、方案优化、自动出图、图纸与模型相关联。

BIM正向设计可以做到一模多用，设计时只需要建立1个模型，结构设计人员初步设计时建立三维模型，通过平面剖切形成的模板图用于初步设计，在该模型上添加荷载即可用于结构计算，再添加钢筋信息就可绘制施工图，该三维模型可直接用于碰撞检查，最后该模型可用于算量、施工和运营维护，整体流程如图3-51。

BIM是构成CIM的重要基础数据之一，基于GIS进行信息索引及组织的城市BIM信息，可直观反映城市的功能划分、产业布局以及空间位置。通过BIM正向设计实现一模多用，可以直接建模、计算和绘制施工图，既可大大降低BIM的应用门槛，又有助于推动CIM基础平台的建设。

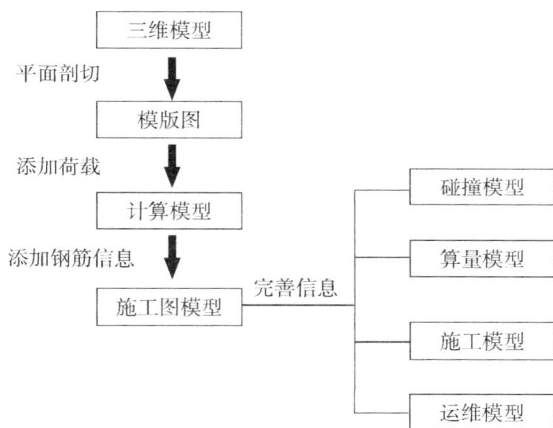

图3-51　BIM正向设计流程图

3.6.3　施工图三维数字化智能审查技术

基于CIM平台，利用三维技术应用实现施工图三维数字化审查，建立施工图三维数字化审查系统，实现施工图审查中部分刚性指标计算机机审与人工审查协同配合。使用数据格式GDB导出和交付、模型自检工具、全专业智能审查、三维模型轻量化显示等功能，实现了建筑、结构、给水排水、暖通、电气、人防、消防、节能等专业规范条文的BIM智能审查。在工程项目审批的BIM数字化交付成果（主要是工改四阶段）的基础上，利用施工图三维数字化智能审查技术，智能审查BIM模型对规范条文的符合程度，从而确保BIM模型的质量和规范，并为CIM平台提供精细化建筑信息模型，促使施工图审查工作提质增效，提高项目报建审批数字化和信息化水平。

（1）自主可控的数据结构

基于平台审查需求进行专业指标拆解及专业数据分析，最后确认实体数据、信息数据、管理数据和逻辑数据等。为解决多源BIM数据的问题，依托全专业国产自主平台，制定统一、开放、标准化、可扩展的GDB公开数据标准（图3-52）。针对建筑、结构、电气、给水排水、暖通、人防、消防、节能各专项施工图审查过程中关注的强条、要点条文，制定满足审查要求的BIM数据交付标准。为满足设计、审查、竣工验收不同阶段相应模型深度要求，GDB数据标准主要包含项目BIM基本信息、指标计算相关几何数据、构件属性、指标计算相关数据逻辑关系。

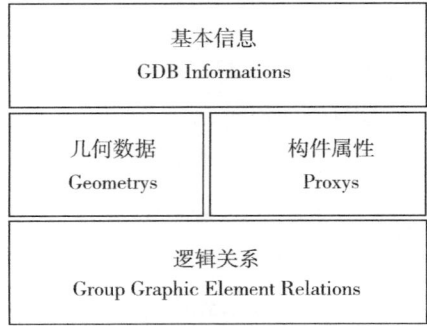

图3-52 公开数据标准组织结构

以数据库形式存储BIM数据为例，数据库可拆分为系统信息表、数据关系表、数据信息表、资源类表、实体数据表、数据扩展表等。其中，系统信息表可拆分为基本信息表和系统信息表；数据关系表可拆分为组关系表、LOD几何关联表和构件楼层关系表；数据信息表可拆分为项目信息表和专业信息表；资源类表可拆分为几何表、材质表和贴图表；实体数据表可拆分为专业实体表和代理对象表；数据扩展表可拆分为数据字典表。GDB主要为了导出模型的构件属性以及几何信息，GDB中的表可以分为五大类：

1）信息表，GDB信息表与GDB内部数据信息表为信息表中固定表，各专业GDB根据具体需要可定制化地添加其他表（图3-53、图3-54）。

guid	guid （Inherited from XDBOBject.）
ld	主键 （Inherited from XDBOBject.）
softwareName	软件名称
softwarVersion	软件版本
userLabel	用户标识 （Inherited from XDBOBject）
verticesUnitType	顶点单位

图3-53 GDB信息表

guid	guid （Inherited from XDBOBject.）
ld	主键 （Inherited from XDBOBject.）
userLabel	用户标识 （Inherited from XDBOBject）
versionName	版本名称
versionNo	获取当前XDB版本号
xdbType	XDB类型

图3-54 GDB内部数据信息表

2）几何信息表，构件几何在GDB中可拆分为几何表、材料表、贴图表三张固定表（图3-55、图3-56、图3-57）。

componentCategory	构件类别
guid	guid （Inherited from XDBOBject.）
Id	主键 （Inherited from XDBOBject.）
materialIds	材质ID存储的为List\<long\>的json串
normalIndexs	法向量索引存储的为List\<int\>的json串
normals	法向量存储的为List\<float\>的json串
textureCoordIndexes	纹理坐标索引存储的为List\<int\>的json串
textureCoords	纹理坐标索引存储的为List\<float\>的json串
userLabel	用户标识 （Inherited from XDBOBject）
vertexIndexes	顶点坐标存储的为List\<int\>的json串
vertices	顶点坐标存储的为List\<double\>的json串

图3-55　几何表（Geometry）

color	颜色 从高至低顺序ABGR
guid	guid （Inherited from XDBOBject.）
Id	主键 （Inherited from XDBOBject.）
TextureId	贴图ID
userLabel	用户标识 （Inherited from XDBOBject.）

图3-56　材料表（Material）

file	贴图文集
guid	guid （Inherited from XDBOBject.）
Id	主键 （Inherited from XDBOBject.）
name	贴图名称
rotAng	rotation angle in radians
textureFileType	贴图文件类型
userLabel	用户标识 （Inherited from XDBOBject.）
xSize	x size of the picture in model space
ySize	y size of the picture in model space

图3-57　贴图表（Textures）

3）几何构件表，其构件表由构件所需属性可定制化地追加不同的属性字段，形成差异化的构件表（图3-58）。

4）关联关系表，LODRealtion表支撑模型导出时LOD分级，对应几何构件与几何记录的关系，根据不同专业需求，可定制化增加不同的关联关系表（图3-59、图3-60）。

5）非几何构件表，记录非几何构件

GDB数据开发模块已覆盖多领域的C++及C#数据服务对象，对应可实现不同领域模型转换，为进一步推进BIM设计在整个建设工程中的应用（图3-61）。

classificationCoding	分类编码
domain	专业
guid	guid （Inherited from XDBOBject.）
ld	主键 （Inherited from XDBOBject.）
name	名称
spatialEncoding	空间编码
transformer	转换矩阵 存储的为List<double>的json串，该转换矩阵大小4×4，左上角的3×3矩阵存放变换矩阵，最后一行存放平移向量，矩阵的最后一列值固定，从上至下必须为0,0,0,1
userLabel	用户标识 （Inherited from XDBOBject）

图3-58　几何构件表（GraphicElement）

geometryID	图元的几何ID
grade	LOD登记
graphicElementID	图元ID
guid	guid （Inherited from XDBOBject.）
ld	主键 （Inherited from XDBOBject.）
userLabel	用户标识 （Inherited from XDBOBject）

图3-59　LOD关系表（LODRelation）

graphicElementID	楼层内构件ID
guid	guid （Inherited from XDBOBject.）
ld	主键 （Inherited from XDBOBject.）
storey ID	楼层ID
userLabel	用户标识 （Inherited from XDBOBject）

图3-60　楼层构件关系表
（StoreyGraphicElementRelation）

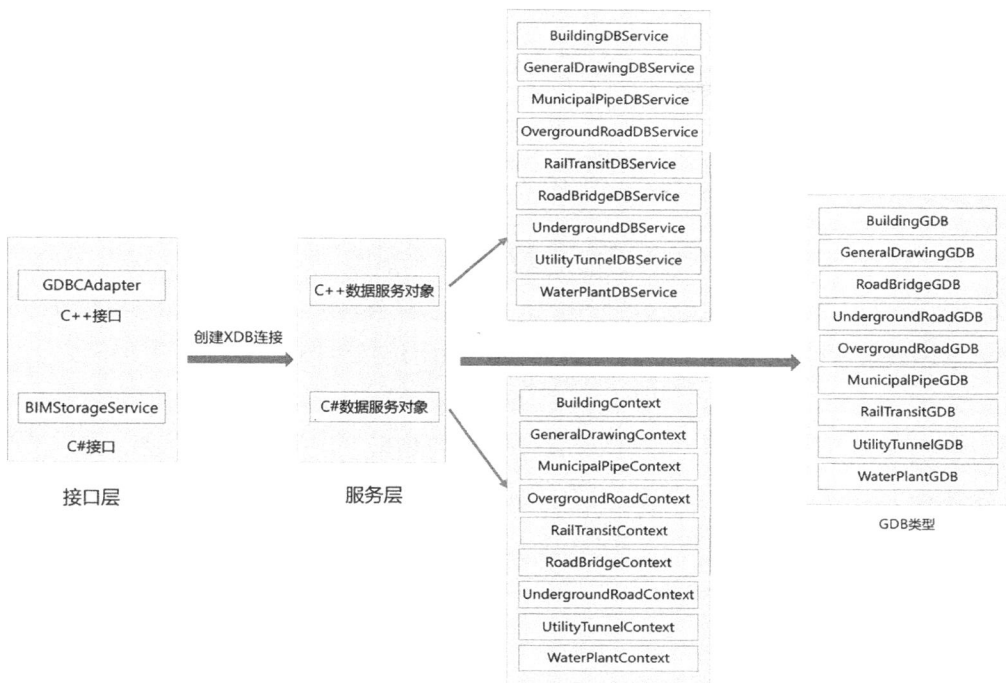

图3-61 数据开发基本程序框架

（2）BIM模型轻量化

对于BIM模型报批，由于BIM模型数据量巨大，为使用户能高效快速访问BIM模型数据，除根据审批业务的不同，加载不同领域的BIM模型，实现BIM模型的按需加载外，要解决的核心问题是BIM模型轻量化。业务协同平台通过下列技术手段来实施：

1）提取外壳。基于可视域分析功能，将BIM模型的可见部分（外壳）与不可见部分（内部模型）分别存放到不同数据集中，实现内外模型的分离，（图3-62）。

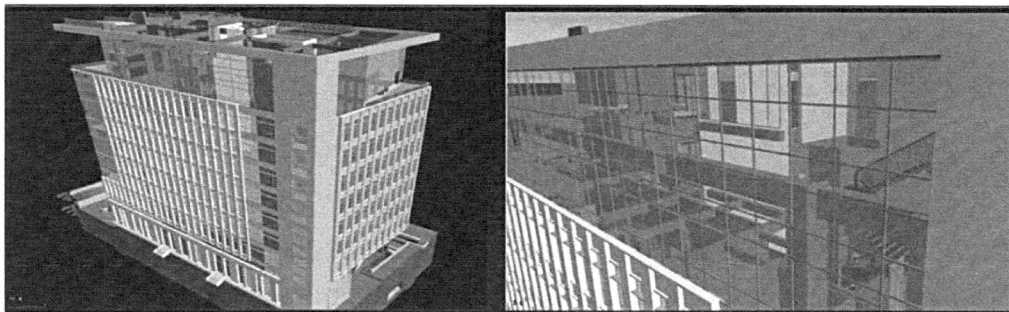

图3-62 BIM模型外壳提取

2）三角网简化。BIM模型作为高密度模型，精准、详尽地展示了建筑物内、外部的结构，其大数据量导致BIM模型的三维场景性能不高，且BIM模型存在冗余的三角面，如同一BIM模型的门、窗、门把手等，通过三角网简化（图3-63），实现对同类BIM模型批量简化的效果，可降低内存的占用，提高BIM模型的访问性能。

3）删除子对象。针对BIM模型，通过删除无用的子对象，实现BIM模型轻量化。如单独一个"门"对象（图3-64），定点个数约1000个，三角面900余个，其中，门把手、锁芯占据约90%的数据量（整个BIM模型门的数据量就更加庞大），这些部件没有太大的实际应用价值，采用删除或者简化部件骨架达到模型轻量化。

根据业务审批的不同，加载不同领域BIM的数据，实现BIM数据按需加载；同时采用提取外壳、三角网简化、子对象简化（删除）、删除重复点、计算法线、BIM模型拆分和合并，实现BIM模型轻量化，提高三维场景的性能。

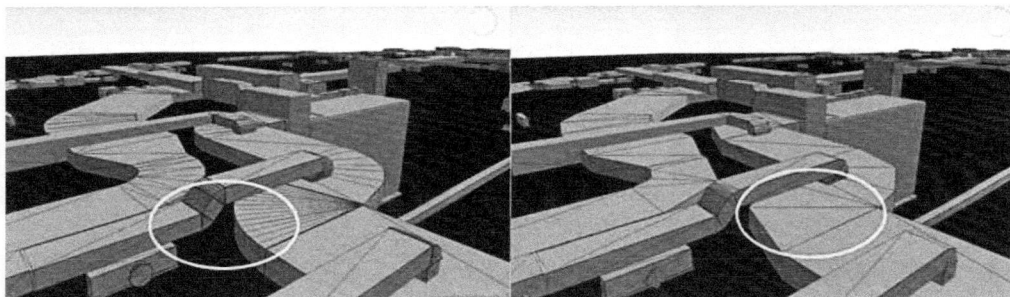

图3-63　BIM模型三角网简化

图3-64　BIM模型子对象删除

（3）全专业智能审查引擎

智能审查引擎基于领域知识的建模分析，研究精确和概率方法相结合的大规模BIM模型语义检查方法，支持系统级的BIM模型自动语义检查。建筑语义模型包括构件及其类型，构件的属性，构件之间的连接、相邻、从属关系等，建筑规范的结构化自然语言（SNL）能够被机器识别，易于人类理解，便于定制规则和确认规则的正确性。

SNL，即结构化自然语言，它在建筑信息模型规范检查中作为转换语言，将自然语言描述的国家标准规范过渡到计算机更容易处理的结构化语言，通过Baseline工具建立规则库，使用SNL语言编写规则，并生成查询模型的规则库文件。结构化自然语言规则共有五类：①属性值规则、模式："构件的属性…"；②属性值存在规则、模式："构件有属性 属性名"；③空间有构件规则、模式："房间 有 构件"或"构件 处于 房间"；④正则表达式规则，regex "@正则表达式内容"形式是字符串的正则表达式匹配规则：⑤几何和距离计算规则，主要用于碰撞等检查。

智能审查引擎能够进行信息正确和信息完整两个维度的检查，支持包含语义查询、复杂计算嵌套融合的复杂规则检查，支持硬碰撞、软碰撞及精确条件过滤。智能审查引擎通过设置不同的规则库，实现通用的BIM质量问题及技术规范条款智能检查，并支持拓展性的根据企业项目需求，进行定制化的模型检查。通过不断完善企业"规则库"，可形成企业的无形资产，提高模型检查工具智能性，将原本依赖于人的检查，转化为可自动和复用的检查，为企业产生更多新的价值。

基于自动检查工具，可进行人工难以实现的全面问题排查，从而保证检查的完备性。在包含复杂条件的距离计算问题上，利用自动检查工具，可以在短时间内给出全且准的结果，能帮助工程师和审图专家节约大量时间，并提升模型质量（图3-65）。

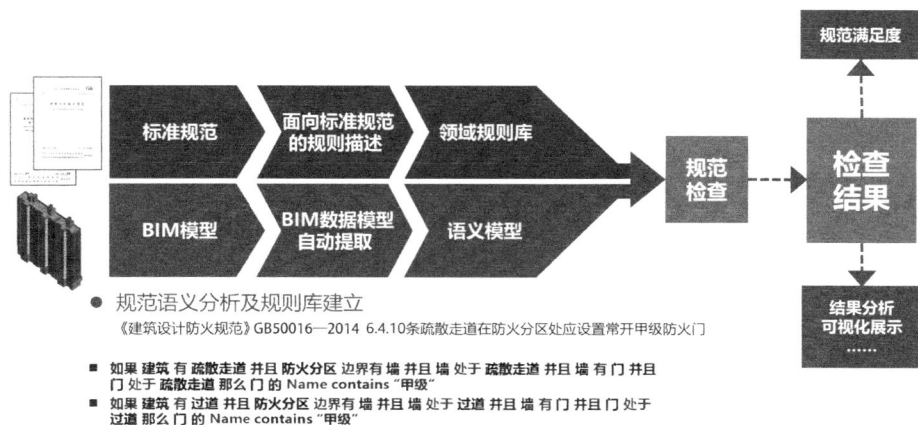

图3-65　基于SNL的智能化审查引擎

（4）知识图谱的BIM数据集自动化审核

基于数据库构造BIM模型的知识图谱，保证BIM模型的查询效率是基于语义模型的自动化审查工具的重点。结合相关领域知识，将能够更快收敛到查询结果，且能够更多过滤掉无关构件的子查询提前，从而提高查询效率。

1）建筑消防知识图谱的构建方法。建筑消防规范包含众多非结构化文本、复杂的表格结构、海量的专业术语、繁杂的规则关系以及多样的审核规则。基于规范文本特征的建筑消防知识图谱构建方法，能够实现从规范中自动识别建筑实体，抽取属性和关系。依据建筑消防规范，采用自顶向下的方式创建知识图谱，借助NLP算法进行实体识别、属性抽取和关系抽取等，利用Taxonomy构建技术构造完整的本体结构（图3-66）。

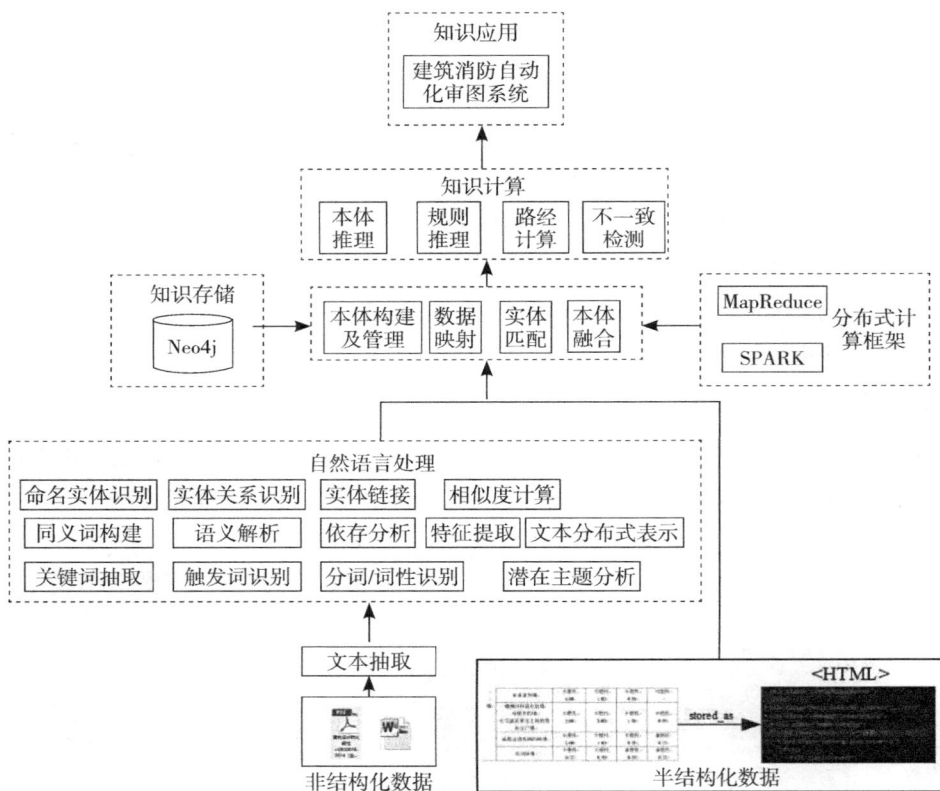

图3-66 建筑消防知识图谱技术架构图

2）基于知识图谱的多源异构BIM数据自动化解析、提取和管理方法。BIM模型数据来源及数据结构多样，形成了BIM数据的多源异构特征。多源异构BIM数据自动化处理过程，包括BIM数据解析、提取和管理，是基于BIM和知识图谱的建筑消防设计自动化审核过程中重点内容。以多源异构BIM模型文件为数据源，建立基于知识图谱的多源异构BIM数据提取模型。其实施方法分别为多源异构BIM文件数据化方法、面向知识图谱的BIM数据集系统化组织方法以及BIM数据抽取与集成方法。BIM数据提取与整合的具体流程（图3-67）。

3）基于BIM和建筑消防知识图谱的建筑消防设计自动化审核方法。建筑消防设计自动化审核的主要任务，就是将审核模型数据集与构建的建筑消防知识图谱中的规则进行匹配，最终得到匹配结果。匹配过程主要分为建筑类型匹配、规则与数据的匹配两部分。

不同类型建筑在消防设计审核过程中所需的数据类型不同，评判标准也不相同。因此，需要对审核模型进行建筑类型匹配。由数据中的项目信息可得建筑的具体类型，再对建筑进行分类。在将审核模型数据集与建筑消防知识图谱中的规则进行匹配后，即可得到建筑中不符合规范的点，完成建筑消防设计自动化审核。最终将审核结果进行可视化展示，即将建筑内不符合规范的地方在建筑模型中显示出来，并生成评估报告，对建筑违规之处及其对应规范进行详细说明。建筑消防设计自动化审核的总体流程（图3-68）。

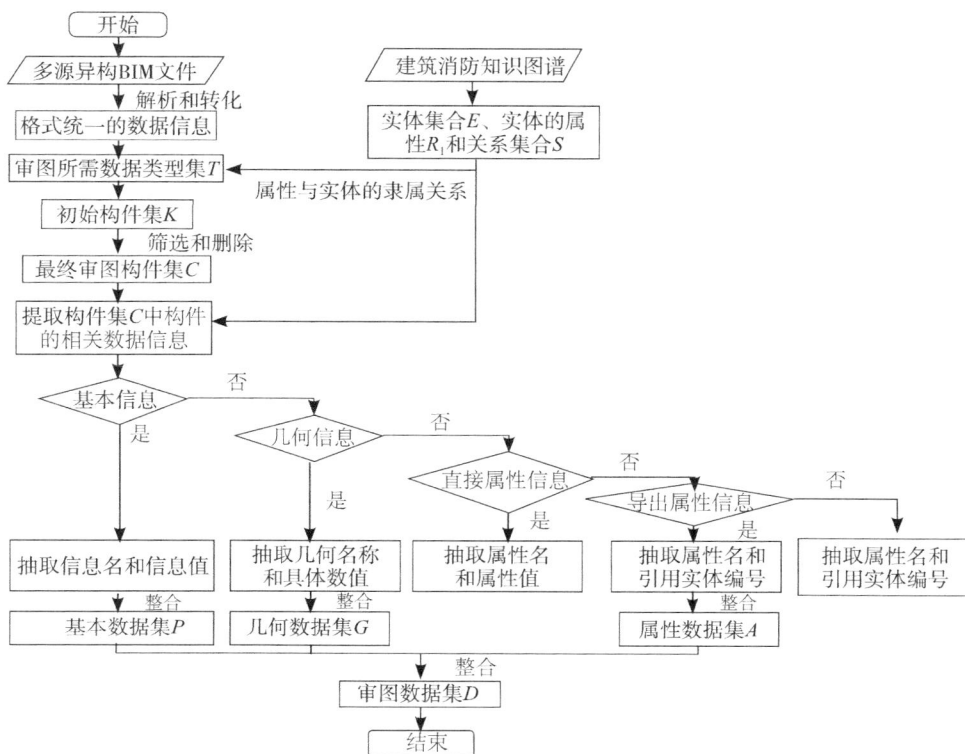

图3-67　BIM数据提取与整合的流程图

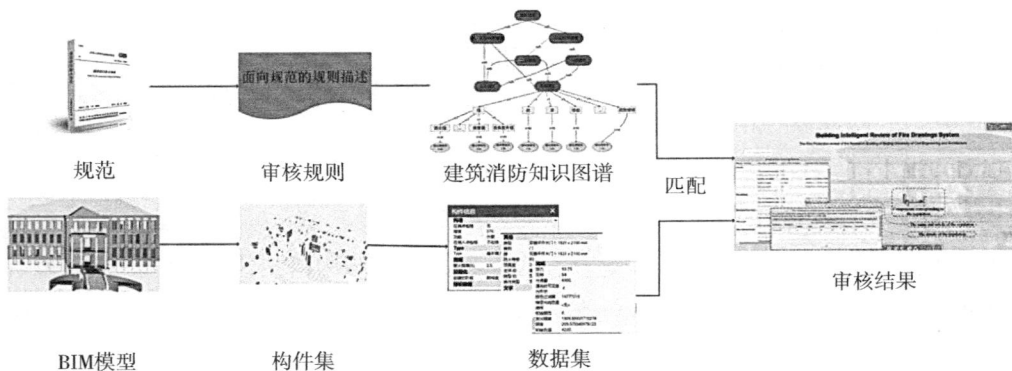

图3-68　建筑消防设计自动化审核总体流程

3.6.4　三维数字化竣工验收备案技术

三维数字化竣工验收备案技术主要从规范竣工验收模型、竣工资料等交付内容的交付与管理出发，促进CIM平台信息交换与共享。主要的竣工验收备案技术内容包括：①竣工验收交付信息分类采集技术，主要是在竣工验收备案过程中解决三维模型、工程图纸及其他资料的逻辑关系；②竣工验收交付模型数据编码技术，通过建立交付物与施工信息模型之间的关系，对模型单元进行标识码，实现项目各交付物之间数字化联动；③竣工验收交付数据有效性控制技术，对交付数据有效性进行控制，包含交付数据具体项目、具体交付深度、具体约束条件等内容，从而大量减少冗余数据，提高平台运行效率，节省储存空间，准确定位数据内容，高效利用数据资源；④竣工验收备案检查及对比技术，对模型数据进行多方面检查，以保证模型数据的完整性和准确性。

（1）竣工验收交付信息分类采集技术

竣工验收备案需要使用的信息非常多，常规的竣工验收备案所用的资料有工程图纸、现场资料、竣工过程资料等，这些资料的分类是按照国家建设工程文件归档规范等标准和各地的资料整理标准及要求进行管理和交付。不能反映图纸和资料之间数字化关系，也没有考虑资料跟三维模型的相互关系。

三维数字化竣工验收在进行资料交付时，充分考虑了三维模型与二维图纸以及工程资料信息的相互作用和相互印证的逻辑关系。将竣工交付信息内容分类为三维模型、工程图纸、其他资料三大不同类别分开提交，各自具有其专业性。在上传提交过程中提高成果的质量，也能更加便捷的对成果的对比验证过程中发生的错误进行修改。

三维数字化竣工验收在三维模型交付中实现了建设单位申报联合验收前的企业数

字化备案申报，涵盖质量、消防、人防三大专项、五大专业（建筑、结构、暖通、电气、给水排水）的竣工BIM模型采集，轻量化入库、可视化模型信息查看（图3-69）。

图3-69　企业数字化备案申报

实现了质量、消防、人防三大专项主管部门的政府数字化备案审核，BIM模型与资料系自动关联，实现二维、三维联动图模对比查看，辅助验收备案审查。竣工BIM模型与设计BIM模型自动比对，辅助按图施工审查；差异显现，快速定位，详情展示，辅助验收备案审查（图3-70）。

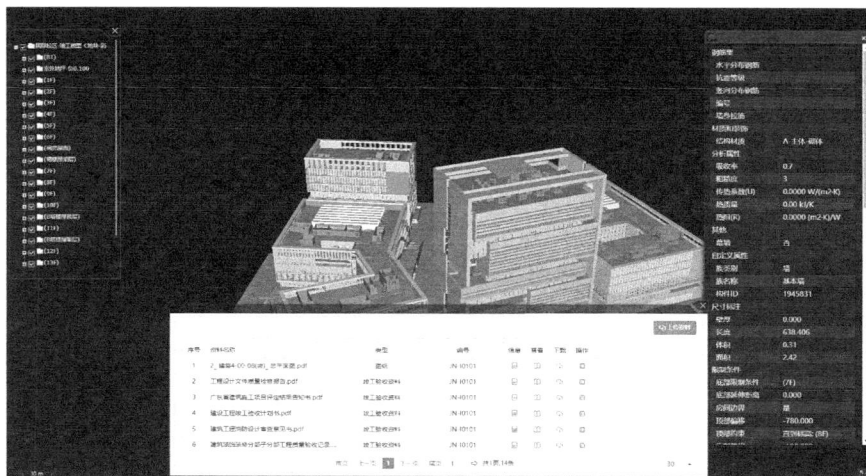

图3-70　模型资料关查看

（2）竣工验收交付模型数据编码技术

竣工验收备案交付资料的数据主要包括设计与施工多阶段的工程数据，其中模型数据是主要的数据载体。设计阶段模型数据的分类和编码，以设计的建筑、结构、给水排水、暖通、电气等不同专业进行，在竣工验收备案交付环节，以施工中分部分项的分类方式进行编码可满足各方使用要求。

参照《建筑工程施工质量验收统一标准》GB 50300—2013建筑工程分部工程、分项工程的划分方式，结合国际通用编码组织原则，将工程分部分项分为14类，每一类编码采用子单位工程标识、专项标识、分部分项（专项）标识码三级编码加以区分和识别（图3-71）。

各分部分项的编码采用"字母+数字"组合方式，形成相应的编码体系，该编

分部标识	分部含义	子分部标识	子分部含义	分部分项标识码	工程对象	交付深度	约束条件	备注
JC	地基与基础	JC01	土方	JC0101	土方	N4	O（可选）	
		JC02	基坑支护	JC0201	围护墙	G3/N4	M（必选）	
				JC0202	型钢水泥土搅拌墙		M（必选）	
				JC0203	土钉墙		M（必选）	
				JC0204	地下连续墙		M（必选）	
				JC0205	水泥土重力式挡墙		M（必选）	
				JC0206	锚杆		M（必选）	
				JC0207	与主体结构相结合的基坑支护		M（必选）	
		JC03	地基处理	JC0301	素土、灰土地基	N4	O（可选）	
				JC0302	砂和砂石基础		O（可选）	
				JC0303	土工合成材料基础		O（可选）	
				JC0304	粉煤灰地基		O（可选）	
				JC0305	强夯地基		O（可选）	
				JC0306	注浆地基		O（可选）	
				JC0307	预压地基		O（可选）	
				JC0308	砂石桩复合地基		O（可选）	
				JC0309	高压旋喷注浆地基		O（可选）	
				JC0310	水泥土搅拌桩地基		O（可选）	
				JC0311	土和灰土挤密桩复合地基		O（可选）	

图3-71　工程模型单元分部分项标识码

码体系可与现行国家标准《建筑信息模型分类和编码标准》GB/T 51269—2017并行，作为施工阶段应用的进一步补充，为CIM的应用便利性实行多编码体系共存提供条件。

通过这一模型数据编码技术，就可以将模型中的构件单元按照此技术进行编码，为后续与相应的竣工验收资料进行对应的挂接提供数据逻辑关系。

（3）竣工验收交付数据有效性控制技术

数据有效性控制包含交付数据具体项目、具体交付深度、具体约束条件等内容，数据有效性高可大量减少冗余数据，提高平台运行效率，节省储存空间，准确定位数据内容，高效利用数据资源。

根据国家规范、验收备案要求及施工经验列出具体项目，区分模型数据及辅助数据的具体项目内容，形成工程对象和材料名称等具体项目。依据现行国家标准《建筑信息模型设计交付标准》GB/T 51301—2018的要求，结合BIM技术项目应用实际情况，形成具体项目交付深度要求。根据各专业国家标准、行业标准、地方标准以及各主管部门的行政要求，确定各具体项目在要求交付深度下的交付约束条件。以M（必选）、C（条件必选）、O（可选）三个等级来实现竣工验收交付数据准确有效（图3–72）。

ZX06	轻质隔墙	ZX0601	板材隔墙	G3/N4	M（必选）	
		ZX0602	骨架隔墙		M（必选）	
		ZX0603	活动隔墙		M（必选）	
		ZX0604	玻璃隔墙		M（必选）	
ZX07	饰面板	ZX0701	石板	G3/N4	C（条件必选）	
		ZX0702	陶瓷板		C（条件必选）	
		ZX0703	木板		C（条件必选）	
		ZX0704	金属板		C（条件必选）	
		ZX0705	塑料板		C（条件必选）	
ZX08	饰面砖	ZX0801	外墙饰面砖	G3/N4	C（条件必选）	
		ZX0802	内墙饰面砖		C（条件必选）	
ZX09	幕墙	ZX0901	玻璃幕墙	G3/N4	M（必选）	
		ZX0902	金属幕墙		M（必选）	
		ZX0903	石材幕墙		M（必选）	
		ZX0904	陶板幕墙		M（必选）	
ZX10	涂饰	ZX1001	涂饰	N4	O（可选）	
ZX11	裱糊与软包	ZX1101	裱糊	N4	O（可选）	
		ZX1102	软包	G3/N4	O（可选）	
ZX12	细部	ZX1201	橱柜	G3/N4	O（可选）	含备

图3–72　竣工备案交付数据要求

（4）竣工验收备案检查及对比技术

竣工验收备案检查包括模型数据完整性检查、模型与验收规范匹配检查、设计模型和竣工备案模型对比检查和模型与实体匹配检查四个方面。

将模型数据完整性检查定为辅助数据完整性、变更材料完整性两部分。使模型与验收规范匹配检查，对竣工验收备案电子数据与验收规范、标准的对应关系进行审核，并应出具相应检查报告。使设计模型和竣工备案模型对比检查实现对竣工验收备案模型电子数据与施工图模型电子数据的一致性检查。使模型与实体匹配检查包含监理审核、主管部门抽检、实体扫描对比三部分（图3-73）。

审核通过给出验收审核意见，完成竣工验收备案（图3-74）。竣工BIM模型及

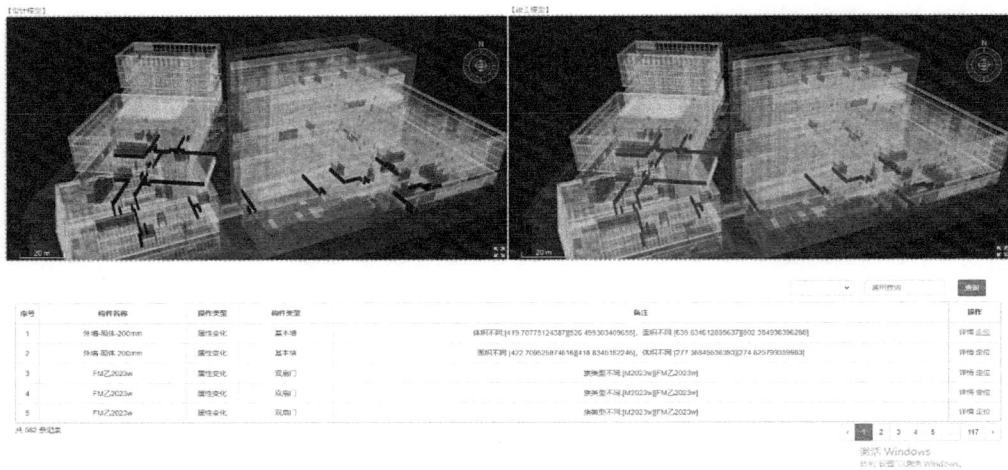

图3-73　模型比对

图3-74　竣工验收备案

关联资料落图CIM平台（图3-75），实现基于CIM平台的模型及资料留存查看，并服务于后续城市级运营应用。

图3-75 竣工BIM模型及关联资料落图CIM平台展示

第4章 其他相关技术

4.1 物联网技术

把网络技术运用于万物，组成"物联网"，如把感应器嵌入装备到油网、电网、路网、水网、建筑、大坝等系统或物体中，然后将"物联网"与"互联网"整合起来，实现人类社会与物理系统的整合。超级计算机群对"整合网"的人员、机器设备、基础设施实施实时管理控制。以精细动态方式管理生产生活，提高资源利用率和生产力水平，改善人与自然的关系。简单讲，物联网就是利用传感器技术、嵌入式系统技术、智能技术和纳米技术等协同作用，将物与物、人与物之间的信息传递与控制。

4.2 新型测绘技术

虽然"新型测绘技术"还没有形成行业内的专有名词，其技术内容也相对不够明确，但相较于传统测绘手段，以激光扫描为代表的主动采集方式和以倾斜摄影为代表的被动采集方式为实现三维数字化提供了更有效、更直接的手段，其与CIM建设的关系也更为密切。因此为方便理解，本书暂且称呼相关内容为"新型测绘技术"。

新型测绘技术以空天地一体化测绘遥感技术和地理信息系统集成的数字化方法为基础，融合和吸收了大量其他边缘学科的理论和技术，如航空航天技术、通信技术、计算机技术、航海技术、数据库技术、天文学、海洋学、气象学和水文学等理论，云计算、大数据、物联网、人工智能等现代信息和通信技术。不同学科、技术间的相互渗透和相互作用，促进了现代测绘的发展，逐步形成以地球空间信息服务为目标的新的信息化、智能化测绘体系。

4.3 BIM技术

BIM即Building Information Modeling或Building Information Model，早期也将其

翻译为Building Information Management，无论哪种称呼，其内核都是建筑信息模型化。该技术起源于制造业的信息模型技术，伴随着建筑行业的发展相互融合，形成了更具建筑行业特色的建筑信息模型（BIM）技术。

BIM是以三维数字技术为基础，集成建筑工程项目各种相关信息的数据模型，是数字技术在建筑行业中的直接表达。BIM模型能够关联建筑项目全生命周期各阶段的数据信息，并可被建设项目各参与方共享，承载了"让建筑智慧化、智能化"的重任。

BIM作为建筑信息的集成，其重中之重便是底层数据的关联，而CIM以BIM作为核心组成内容，范围的扩展并不代表内核的改变，无论是BIM还是CIM，其核心都是信息数据的关联与应用。

4.4　5G技术

第五代移动通信技术（5th Generation Mobile Communication Technology，以下简称5G）是具有高速率、低时延和大连接特点的新一代宽带移动通信技术，是实现人机物互联的网络基础设施。其本质是最新一代蜂窝移动通信技术，伴随着5G技术的普及，人类将进入一个把移动互联、智能感知、大数据等整合起来的智能互联网时代。5G技术的出现突破了传统信息通信的流量和速度限制，大量终端的接入和高效的信息传输能力有效地解决了城市信息大数据的交互传输问题，能够将智能感应、大数据和智能学习等能力充分发挥，便利用CIM平台作为载体的城市信息模型在多端信息交互和大数据高效流转的实现上成为可能。

4.5　移动互联网技术

移动互联网是指移动通信终端与互联网相结合成为一体，使用户使用手机、PAD或其他无线终端设备，通过速率较高的移动网络，在移动状态下（如在地铁、公交车等）随时、随地访问Internet以获取信息，使用商务、娱乐等各种网络服务。而与之伴随产生的手机信令则是手机用户在通信网络活动时产生的时空信息，手机信令数据作为CIM平台绘制人口大数据图谱、城市人口热力图等能力的核心数据，是实现一个与物理世界同生共长的、"会呼吸的"数字孪生城市密不可分的关键一环。

4.6　大数据技术

全球知名咨询公司麦肯锡全球研究所对大数据给出的定义是：一种规模大到在获取、存储、管理、分析方面大大超出了传统数据库软件工具能力范围的数据集合，具有海量的数据规模、快速的数据流转、多样的数据类型和价值密度低四大特征。大数据包括结构化、半结构化和非结构化数据，非结构化数据越来越成为数据的主要部分。同样作为以数据信息为核心的CIM平台，无论是数据治理、数据库建设、数据中台建设，抑或是各类专项应用中，都离不开城市大数据的身影。

4.7　人工智能技术

人工智能是计算机科学的一个分支，它企图了解智能的实质，并生产出一种新的能以人类智能相似的方式做出反应的智能机器，该领域的研究包括机器人、语言识别、图像识别、自然语言处理和专家系统等。

随着我国智慧城市建设步伐的加快，城市和社会经济发展比任何时候都需要一个"神经中枢"，人工智能加速与新一代信息通信技术相融合，会在"十四五"期间成为我国经济高质量发展，建设创新型国家，实现新型工业化、信息化、城镇化和农业现代化的重要技术保障和核心驱动力之一。而CIM建设依托人工智能技术完善AI管理，能更有效的融合物联网、大数据等众多高新技术，实现城市管理智慧化升级。

第三篇
CIM如何建设

　　随着技术发展和社会认知程度的逐步提升，围绕CIM为中心的智慧城市建设轮廓也愈发清晰。"政府主导、多方参与、因地制宜、以用促建、融合共享、安全可靠、产用结合、协同突破"的CIM基础平台建设原则也伴随着《关于开展城市信息模型（CIM）基础平台建设的指导意见》的出台而明确。但CIM建设不单是CIM基础平台的建设，更应秉承理性务实、重点突破的态度，提前做好需求分析和规划，从业务实际出发，明确CIM平台要解决什么问题，清楚系统建设的切入点在哪里；同时还需要有与之相匹配的标准体系、全数据体系和协同机制。通过科学的实施体系和保障措施，有方法、有步骤的推进建设，以上要素缺一不可。

第5章　编制CIM标准体系

CIM平台建设是一项多应用领域、多层次结构的复杂巨系统，需要对不同领域、不同系统、不同类型的海量数据进行采集、存储、处理、整合、挖掘、共享、交换。建立统一的CIM平台，既要链接新建的系统，还要改造、提升原有的老系统；既要考虑内部各个层次和模块间协调配合，还要考虑外部的支撑条件，且要适应新技术的不断发展等。因此，为了科学、健康、有序地开展CIM平台建设，避免信息资源割裂、孤岛林立的情况出现，建立统一、完整的标准体系来支撑CIM平台建设、管理、运维、服务非常重要。

5.1　CIM相关标准研究现状

5.1.1　测绘地理信息标准

国际上负责制定测绘地理信息标准的组织有国际标准化组织/地理信息技术委员会（ISO/TC 211）、开放式测绘地理信息联盟（Open Geospatial Consortium，OGC）、美国联邦地理数据委员会（The Federal Geographic Data Committee，FGDC）等，在地理信息数据的获取、处理、表达、分析、访问、管理等方面做出了巨大贡献。

我国测绘地理信息标准化工作由全国地理信息标准化技术委员会（SAC/TC 230）牵头主导，于2007年印发《国家地理信息标准体系框架》，在2009年正式发布《国家地理标准体系》。该标准体系定义了地理信息数据模型和结构，规范了地理信息数据的获取、处理、存储、分析、访问以及表达，描述实现了以数字或电子形式在不同用户、不同系统和不同空间位置之间的数据交流的方法、过程和服务，极大地推动了我国地理信息标准化的进展。同年，国家测绘地理信息局测绘标准化工作委员会组织局测绘标准化研究所等有关单位编制发行了《测绘标准体系》，随即在2017年国家文件《测绘地理信息标准化"十三五"规划》印发后二次更新，以应对测绘事业转型、升级和发展对标准化的需求。国内外测绘地理信息标准体系对CIM标准体系组织地理空间信息数据的方式方法具有启发性，但并不能满足所有需求，因此依旧需要针对CIM标准体系开展研究工作。

5.1.2　城市三维模型标准

国内外三维模型及其应用相关标准整体比较滞后。早期国际标准化组织ISO/IEC提出过VRML/X3D标准，但因技术局限，发展缓慢且并不实用；开放地理信息系统协会OGC推出的开放式标准KML和CityGML标准也有一定的局限性，支持的工具很少。市面上涌现出较多针对建筑物和构筑物的三维建模软件，如3DS Max、Maya、SketchUp、MultiGen、Creator、MicroStation等纷纷推出各自的三维模型数据格式，缺少统一的数据与应用标准，给城市级大场景的管理应用，特别是网络三维可视化应用带来极大限制。2017年，开放地理空间联盟（OGC）宣布I3S标准规范将作为OGC新的国际三维标准。该标准包括I3S规范，全称为OGC Indexed 3D Scene Layer，以及基于该规范的三维数据格式规范Scene Layer Package（SLPK），专注于在互联网或离线环境中提供高性能三维可视化和空间分析（图5-1）。标准采用知识共享署名–非商业性使用–相同方式共享4.0（CC BY–NC–SA 4.0）国际许可协议进行许可。目前，已经率先被Esri的ArcGIS、Bentley的ContextCapture、Skyline的PhotoMesh等产品支持。

国内在三维建模方面的标准规范起步比较迟，2010年颁布行业标准《城市三维建模技术规范》CJJ/T 157—2010。这个规范包含建模单元划分与模型命名、数据采集与处理、三维模型制作、检查验收、数据集成与管理、数据更新与维护等主要内容，其中的城市三维模型数据主要包括地形模型、建筑模型、交通设施模型、管线模型、植被模型及其他模型等数据内容，各类模型按表现细节的不同可分为

图5-1　i3S标准支持的三维数据类型

LOD1、LOD2、LOD3、LOD4四个细节层次，对应符号、基础模型、标准模型和精细模型四种表达形式。

5.1.3　BIM标准

国际上一些发达国家对BIM标准的研究从二十余年前已经开始。1997年1月，IAI（Industry Alliance for Interoperability）组织发布了工业基础类IFC（Industry Foundation Classes）信息模型的第一个完整版本，经过十余年的发展，IFC信息模型的覆盖范围、应用领域、模型框架都有了很大改进，已经被ISO标准化组织接受（ISO 16739）。IFC标准是面向对象的三维建筑产品数据标准，其在建筑规划、建筑设计、工程施工和电子政务等领域获得了广泛应用,促进了建筑信息模型跨设备、软件平台与接口的多场景应用。基于IFC标准，行业国际组织buildingSMART也制定了信息传递规范IDS（Information Delivery Specification）、信息传递手册IDM（Information Delivery Manual）、BIM协作格式BCF（BIM Collaboration Format）、模型视图定义MVD（Model View Definition）以及数据接口等相关标准规范。

美国基于IFC标准制定了BIM应用标准——NBIMS（National Building Information Model Standard）。NBIMS是一个完整的BIM指导性和规范性标准，它规定了基于IFC数据格式的建筑信息模型在不同行业之间信息交互的要求，实现了信息化促进商业进程的目的。围绕该标准体系，美国行业组织BIM Forum也制定了BIM相关的模型精细度、三维实景捕捉、施工计划排程和数据管理分析等的指南文件。

英国在2011年提出BIM Level 2计划之后，制定了一系列相关文件，形成了1192系列标准规范。英国建筑行业为提升与世界范围内的组织和供应商的竞争、创新和协作环境，将1192系列进一步发展为ISO 19650国际标准。ISO 19650涵盖了建筑土木工程信息组织与数字化过程中的概念原则，以及资产交付阶段和运营阶段的相关规定。

日本建设领域信息化标准为CALS/EC（Continuous Acquisition and Lifecycle Support/Electronic Commerce）标准，包括BIM框架、BIM相关标准、开发相应系统并进行示范应用，涉及工程项目信息网络发布、电子招标投标、电子签约、设计和施工信息的电子提交、BIM在使用维护阶段的再利用。2012年7月日本建筑学会（简称JIA）正式发布了《JIA BIM Guideline》，其涵盖了技术标准、业务标准、管理标准三个模块。

新加坡于1997年启动了建筑信息化项目CORENET（Construction and Real Estate NETwork），目的是将建筑工业中各项业务联系起来，并于2000年开发了e-Plan Check，提供IFC格式建筑图纸的自动审图功能，是国际上政府机构支持IFC和BIM技术的最大建筑集成服务系统工程之一。新加坡建筑局（BCA）在2012年、2013年发布了两版《Singapore BIM Guide》，阐述了在项目的不同阶段使用BIM时项目成员所承担的角色和职责，包含了BIM说明书、BIM模型和协作流程。

2012年6月，buildingSMART组织（澳大利亚）受澳大利亚工业、教育等部门委托发布了一份《国家BIM行动方案》（National Building Information Modelling Initiative）。方案制订了"国家BIM蓝图"，对BIM相关的采购合同、产品应用、数据交换和教育法规等方面进行了规范，并鼓励通过示范工程将成果向全行业推广普及。

自2000年以来，美国、英国、新加坡、韩国、澳大利亚等国家陆续出台了BIM技术应用推进规划，为各国的BIM技术应用发展指明了方向和阶段目标。这些国家的BIM技术应用推进规划大多以政府部门规划引导为核心，相关行业协会和企业辅助配合行动。在BIM技术持续推进的过程中，各国的BIM标准不断完善，应用率也在不断提升。Dodge Data & Analytics公司在2017年发布了《基础设施BIM应用的商业价值（the Business Value of BIM for Infrastructure 2017）》报告，调查对象涵盖美国、英国、法国、德国的建筑行业从业人员，并聚焦交通基础设施（属于基础设施最大的组成部分），指出BIM应用率高的用户（超过50%的项目应用BIM）比例已从2015年的20%增长到2017年的52%。根据报告内容，预计到2019年，BIM应用率将从17%增长至32%，成长近两倍。国内2012年以前多是企业在探索试用BIM，2012年开始政府部门逐步接触并推广BIM。2016年，自住房和城乡建设部发布《关于推进建筑信息模型应用的指导意见》和《2016-2020年建筑业信息化发展纲要》以来，越来越多关于BIM的规范标准陆续推出，BIM技术应用从试点示范逐步向全国各城市房建、市政、基础设施等工程中推广开来，真正实现全国范围内各行业的普及应用。

近几年来，国家层面连续出台了BIM相关的标准，对BIM模型在整个项目全生命周期中建立和使用的基本原则、分类、编码、储存和应用等做出基本规定。目前已出台的国家标准包括《建筑信息模型应用统一标准》GB/T 51212—2016、《建筑信息模型分类和编码标准》GB/T 51269—2017、《建筑工程信息模型存储标准（征求意见稿）》《建筑信息模型设计交付标准》GB/T 51301—2018、《制造工业工程设计信息模型应用标准》GB/T 51362—2019和《建筑信息模型施工应用标准》GB/T 51235—2017 6本标准。其中第一本是BIM模型最基本的标准，其他都以此标准为基础；第二、三、四本标准分别对BIM模型的分类和编码、储存和交付要求等进行了明确地规定；第五、六本标准分别针对制造业、施工建立领域的BIM使用要求进行具体规定。与此同时，广东省出台了《广东省建筑信息模型应用统一标准》DBJ/T 15—142—2018，其中涉及模型体系类型、模型分析、数据共享、应用模型规定、信息模型规定和信息模型基本元素等内容，为省内BIM技术应用提供了统一标准和基本指南。在此基础上，相继出台了《广东省建筑信息模型（BIM）技术应用费的指导标准（征求意见稿）》《城市轨道交通基于BIM的设备管理编码规范》DBJ/T 15—161—2019《城市轨道交通建筑信息模型（BIM）建模与交付标准》DBJ/T 15—160—2019《城市轨道交通机电工程BIM建模技术规程》《民用建筑信息模型（BIM）设计技术规范》DB 4401/T9—2018等一系列标准，基于国家标准的要求并结合地方实际情况，对BIM模型在省内的设备管理编码、技术应用费用计费、民用建筑设计、轨道交通建模与交付等数个细分领域做出具有针对性的规定，为其他省市制定地方性BIM标准提供了重要示范。

5.1.4　智慧城市标准

以ISO（International Organization for Standardization，国家标准化组织）、IEC（International Electrotechnical Commission，国际电工委员会）和ITU-T（ITU Telecommunication Standardization Sector，国际电信联盟电信标准分局）等国际标准化机构为主引领了全球智慧城市标准体系的发展方向，积极推动智慧城市标准化工作。世界各国相继成立智慧城市标准化工作组织，出台了一系列于智慧城市相关的管理体系要求、指南和标准。2006年，新加坡推出"智慧国2015计划"，并开始研究智慧城市标准化工作；2007年，韩国成立U-Eco City研究机构，将智慧城市标准化列为重点工作内容；2011年，日本向ISO TMB（ISO Technical Management Board，ISO技术管理局）提出衡量城市基础设施智能程度的评估方法，对城市智能基础设施的定义、范围、计量方法等内容提出了具体要求，并围绕该议题相关标准的范围、术语、定义及通则制定了建议草案；2012年，BSI（British Standards Institution，英国标准协会）提出智慧城市标准化战略，已发行《智慧城市框架：智慧城市和社区决策者的良好做法指南》《智慧城市术语》等标准化文件；2013年，ITU-T批准成立面向智慧城市可持续发展问题评估的专题小组，用以评估智慧城市标准化工作。同年6月，IEC SMB（IEC Standardization Management Board，IEC标准化管理局）经会议讨论批准设立智慧城市系统评价小组，其工作内容主要集中于智慧城市标准化的战略定位、体系框架和参考模型等内容。国际上致力于智慧城市相关领域的标准化工作组织机构达数百个，在智能交通、智能电网、智慧医疗等领域取得了丰硕成果。

我国标准化相关机构紧跟时代发展需要，正在积极开展智慧城市标准体系研究和关键标准的研制。2012年12月12日，智慧城市应用工作组成立，旨在广泛整合汇聚我国"政产学研用"资源，大力推进我国智慧城市标准体系研究、关键标准研制和国际标准化工作。2013年，全国信息技术标准化技术委员会SOA分技术委员会发布了《我国智慧城市标准体系研究报告》，定义智慧城市标准体系由5个类别组成：智慧城市总体标准、智慧城市技术支撑与软件标准、智慧城市运营及管理标准、智慧城市安全标准、智慧城市应用标准，共116项标准（图5-2）。

2013年11月，SAC/TC 426（Standardization Administration of China/Technical Committee 426，全国智能建筑及居住区数字化标准化技术委员会）也发行了《中国智慧城市标准体系研究》，其标准体系框架中包含智慧城市建设设计的5大类别标准：基础设施、建设与宜居、管理与服务、产业与经济、安全与运维，分4个层次表示，涵盖16个技术领域，包含101个分支的专业标准，整体涉及国家、行业及地方标准共3255个（图5-3）。

2014年，国家科技部参与支持成立国家智慧城市标准化总体组，围绕智慧城市技术创新、标准建设、产品应用等方面开展了一系列重要研究活动，发布《中国智慧城市标准化白皮书》，确立了智慧城市标准化体系框架和重点编制的标准，总结了标准化体系的基础性的参考模型，在梳理、分析工作的基础上，从智慧城市规划、建设、运营、管理的需求角度研究提取亟须制定的标准。此后，我国智慧城市标准化建设蓬勃发展，各部门、地区、单位以及企业编制发布了一系列智慧城市相关的标准体系。2018年，臧维明通过总结目前国内外智慧城市标准化工作的现状，提出了新型智慧城市的标准体系框架（图5-4），框架包括总体标准、基础设施标

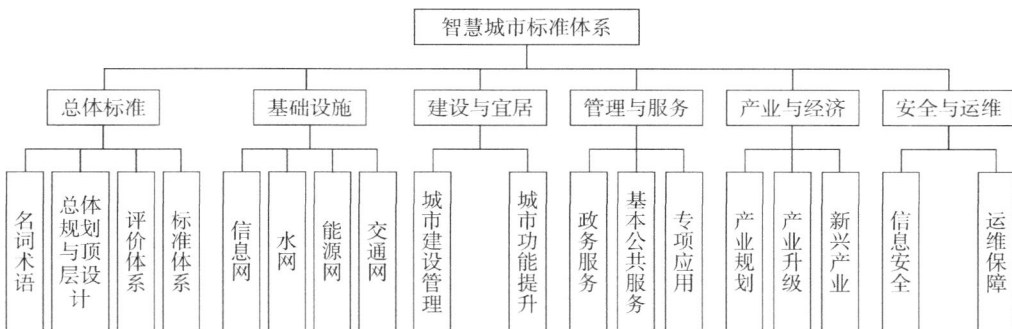

图5-2　智慧城市标准体系（SOA）

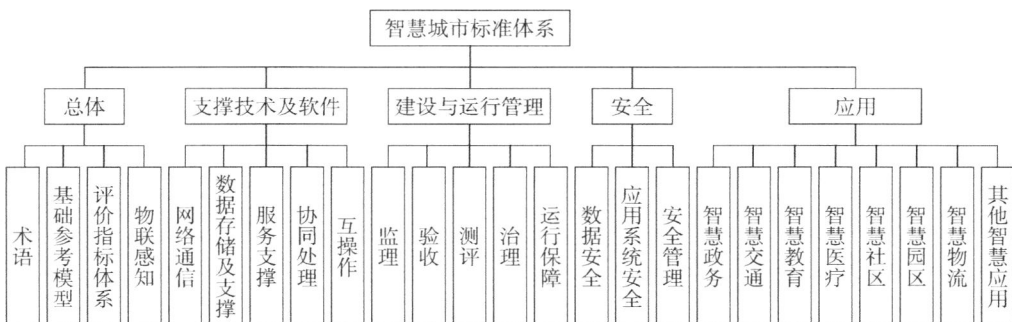

图5-3　智慧城市标准体系（SAC/TC 426）

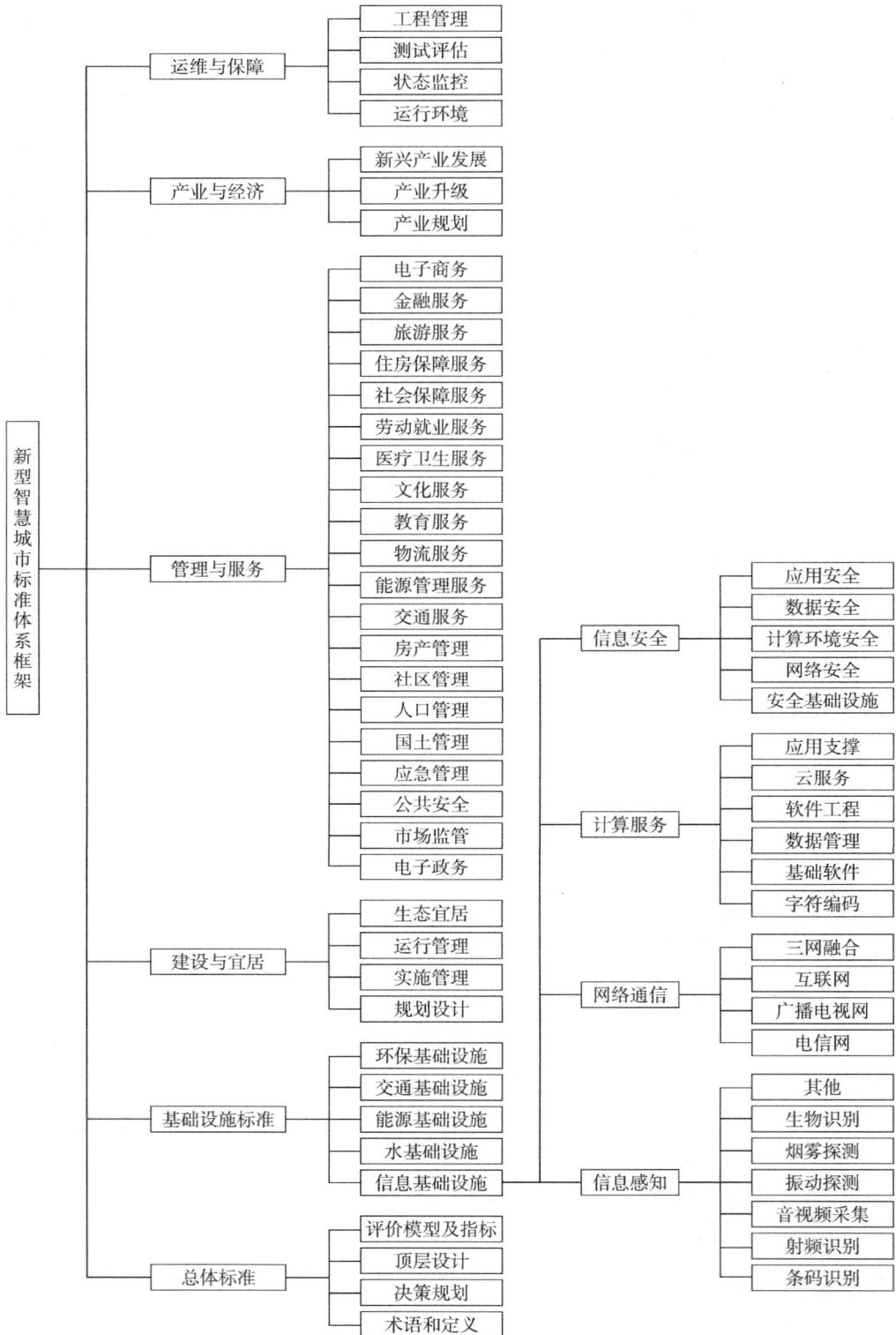

图5-4　新型智慧城市的标准体系框架

准、建设与宜居标准、管理与服务标准、产业与经济标准、运维与保障标准6大类。

5.1.5　国内外CIM标准对比

国内外分别针对测绘地理信息标准、模型标准、三维模型和智慧城市的相关标准开展了大量研究与应用，对标准体系建构的方式方法具有启发性，但并不能满足当前需求。具体而言，国内外对三维模型和智慧城市等某一类技术和模型标准研究和应用较为深入，但对于不同信息融合下的CIM标准研究应用明显不足，尚未形成能指导行业发展的标准。一方面，专业视角的差异导致一些相似概念定义在不同专业系统中存在较大差异，这些差异在各自原有独立系统中不被暴露，而当考虑建立城市级CIM平台时，需要对各类相关信息进行汇聚、规整和共享应用时，问题就变得十分突出；另一方面，多行业、多专业交叉融合的特点导致了数据种类繁多、平台功能复杂、场景应用面广等问题，不利于不同信息的传递交互、模型的整合管理及应用，亟须建立统一的标准体系以有效改善这一问题。为此本书在总结国内外相关标准的基础上，基于系统论思维，构建了平台标准体系，并据此开展数据标准、平台建设类标准和相关应用标准研究，有助于明确和规范特征，促进模型加工、表达，以及不同部门、不同行业间的信息共享与应用。

5.2　CIM标准体系建设

一套科学合理的、系统的、可操作的CIM标准化体系，应实现以下目标：

（1）为CIM平台建设试点提供标准化技术支撑

落实CIM平台建设试点指标体系中的要求，全面支撑指标体系，为指标体系提供可量化、可评估的具体技术要求。

（2）为CIM平台建设提供标准化技术参考

为CIM+智慧工地、CIM+城市更新、CIM+房屋普查等专项应用，以及各地方政府的CIM平台建设提供统一的技术参考模型、软（硬）件接口、安全要求，以便于各专项之间有效的实现互联互通、信息共享、业务协同和安全保密，促进跨部门的业务协调和综合化应用。对于各地方来说，提供科学的、合理的CIM平台建设方案，可避免盲目的建设CIM平台。

（3）促进相关智慧产业发展

在经济全球化的形势下，世界各国之间的经济关系越来越紧密，技术和产品的关联也越来越紧密。在制定我国CIM标准体系的同时，努力将CIM国家标准体系国际化，力争发布为ISO、IEC、ITU等国际标准，进一步促进物联网、云计算等新一代信息技术产业发展。同时，通过CIM标准体系建设，促进城市的产业规划、产业转型和升级、新兴产业发展。

5.2.1 CIM标准体系建设工作策略

为适应智慧城市建设与发展的需求，促进智慧城市的技术、业务、监管的融合协同，解决智慧城市建设中资源难以共享、整合等难题，为相应关键技术研发提供依据，国内外对智慧城市标准体系的研究不断深入。我国已有两百多个城市提出了智慧城市相关规划，国际标准化组织（ISO）、国际电工委员会（IEC）、国际电信联盟（ITU）、英国标准研究院（BSI）、美国国家标准技术研究院（ANSI）等组织也已从不同层次启动了智慧城市标准化工作。

我国智慧城市标准化工作由全国信息安全标准化技术委员会（SAC/TC260）牵头主导，于2014年印发《智慧城市标准体系框架》，2017年陆续起草《信息安全技术 智慧城市安全体系框架》GB/T 37971—2019、《信息安全技术 智慧城市网络安全评价方法标准草案》《信息安全技术 智慧城市公共支撑与服务平台安全要求》GB/T 36622—2018等国家标准。同年，自然资源部测绘地理信息中心印发国家标准《智慧城市时空基础设施 基本规定》GB/T 35776—2017和《智慧城市时空基础设施 评价指标体系》GB/T 35775—2017。

近年来，专家学者及各地部门从多个角度对"标准体系"进行深入探索，对智慧城市及其他相关领域的标准体系构建进行了多方面的研究，主要涉及标准一致性、参考模型研究、标准信息化、标准体系表编制等方面的技术探讨。另外，广东、贵州、上海等地相关部门对智慧城市标准体系开展了研究工作，取得了一定成果。广东省成立了智慧城市标准化技术委员会，研究智慧城市领域内的基础标准、平台应用管理、信息安全保障、智慧应用管理等；贵州省组织专业机构编制了贵州省政务数据分类指南以及政务数据资源目录系列标准，对元数据、核心数据元素等进行规范；上海、江苏、河北等地也在智慧园区、智慧校园、智慧旅游方面发布了一些标准，但数量较少，需要城市管理者进一步明确业务需求。

国内外智慧城市标准体系对CIM标准体系的组织方式方法具有启发性，发布的一系列涉及数据融合、技术参考模型等相关方面的专项标准对于CIM标准体系涉及的数据资源、平台架构等内容具有参考意义，但并不能满足所有需求，仍然需要针对CIM标准体系开展研究工作。

标准体系的构建要以目标明确、全面成套、层次适当、划分清楚为基本原则，采用传统的手段简单的排列组合已不足以满足上述标准体系的要求，因此需要我们转变观念，采用"A–C–R–E–O"循环法等有效的方法来构建CIM标准体系。

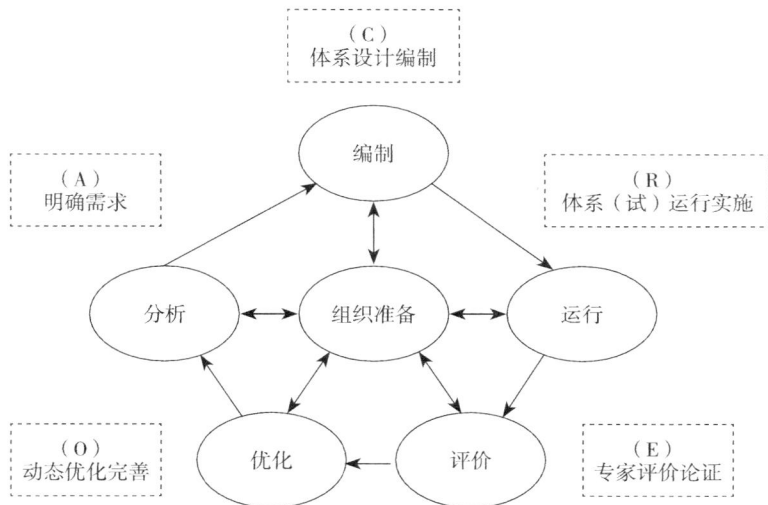

图5-5 标准体系编制的"A-C-R-E-O"流程

基于系统论思维，将标准体系构建过程划分为分析（Analyzing）、编制（Compiling）、运行（Running）、评价（Evaluating）、优化（Optimizing）五大循环阶段（图5-5）。这套闭环工作流程可使得标准体系及其衍生的标准不断地进行自我迭代更新。CIM标准体系编制过程中的分析阶段，主要是收集整理CIM相关领域的文献资料，运用科学的理论建立标准体系概念模型和整体框架；编制阶段，主要是制定标准明细清单、编写具体标准文本以及标准体系文本；标准体系及标准文本的技术验证及专题讨论即是运行、评价、优化的具体行为表现。

5.2.2　CIM标准体系架构

按照上述的CIM标准体系编制工作策略，科学搭建CIM标准体系框架，可为将来进行CIM标准制定提供重要、完备的指导。同时，标准体系可以体现不同标准之间的联系，保障研发、设计、配置、服务等一系列环节的可靠性与科学性。

CIM标准体系框架主要反映CIM标准体系的总体组成、类别及层次结构关系，是对CIM标准体系构成的具体表达。编制CIM标准体系，以信息化、标准化理论为指导，按照标准体系建设的理论和方法，体现了标准体系的科学性、系统性、协调性、先进性、通用性、兼容性、可操作性、可预见性、扩充性和综合实用性。

CIM标准体系根据行业发展需要，考虑未来发展趋势，遵循完整、协调、先进和可扩展的原则。本标准体系中的标准包括CIM各领域已发布实施的、正在制定的或计划制定的行业标准、地方标准等，其范围涵盖CIM的平台建设、数据融合、CIM+应用等多方面的技术规范要求。

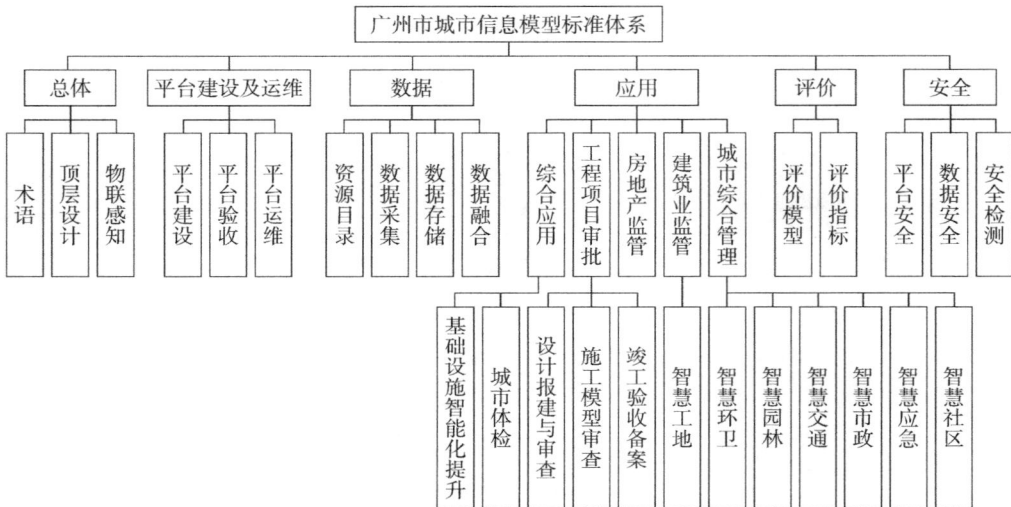

图5-6　广州CIM标准体系框架

按照上述的CIM标准体系工作策略，以广州CIM项目为例，CIM标准体系框架可由如下六类标准组成，即总体标准、平台建设与运维类标准、数据类标准、应用类标准、评价类标准、安全类标准组成（图5-6）。

需要指出的是，由于CIM+应用业务范围广，相关领域技术发展迅速，为了保持标准体系的可持续性、与技术发展的同步性，标准的研究制定将会根据新业务的需要不断完善扩充。同时，为了保证标准中数据、指标来源的客观性、可靠性和科学性，必须建设必要的配套技术和平台来验证标准可行性。

本标准体系根据CIM平台建设的要求，汇集了各应用服务项目的标准化要求，借鉴了广州、南京等一些先行城市已有的经验，供各城市参考和引用。在这些应用中，应积极总结各个地方的执行情况，以促进先进标准的推广应用。

（1）总体标准：城市CIM平台建设与应用亟须标准的引导规范及顶层设计的指导，与现有相关系统实现资源协同，并避免交叉重复。总体标准主要是CIM相关的国家标准，是总体性和框架性的标准，包括术语、顶层规划等方面的标准。

（2）平台建设与运维类标准：平台是CIM中不同部门、不同用户异构系统间资源共享和业务协同的基础，应避免低水平重复建设、资源浪费等问题，有效支撑相关行业的再利用。平台建设与运维相关标准包括平台建设、平台验收和平台运维类标准。

（3）数据资源类标准：CIM平台建设离不开城市信息资源目录、三维建模等方面的支持。数据相关标准包括资源目录、数据采集、数据存储、数据融合等。

（4）应用类标准：基于CIM技术开展的城市各领域智慧化管理与服务不断推陈

出新，通过CIM平台支撑专项领域应用。涉及应用的相关标准包括综合应用、工程项目审批、房地产监管、建筑业监管、城市综合管理等。

（5）评价类标准：针对CIM平台体系在评价方面的标准化工作，主要围绕评价模型、评价指标等。

（6）安全类标准：在CIM平台建设与应用中，落实信息安全防护体系，防止因为信息安全事件对城市运行造成影响，支撑城市综合治理的基本要求。安全相关的标准包括平台安全、数据安全、安全检测等。

其中总体标准、平台建设与运维类标准、数据资源类标准和应用类标准为推荐必须参照或编写的标准，下文中亦会对该四类标准进行详细的展开介绍。

5.2.3　总体标准

近年来，在国家层面在逐步布局CIM平台建设和应用。住房和城乡建设部在2019年3月发布《关于发布行业标准〈工程建设项目业务协同平台技术标准〉的公告》。其中规定：平台可基于CIM，开展BIM在工程建设项目策划生成阶段的应用，实现与工程建设项目审批阶段BIM应用的对接。有条件的城市，可在BIM应用的基础上建立CIM。2020年9月也发布《关于印发〈城市信息模型（CIM）基础平台技术导则〉的通知》，指导各地开展CIM基础平台建设，推进智慧城市建设，2021年6月发布修订版。

CIM总体标准是引导规范及对顶层设计做指导的总体标准，目前由于国内相关标准体系尚在逐步完善，在《城市信息模型基础平台技术标准》等相关标准正式发布前，各地CIM项目应遵循《城市信息模型（CIM）基础平台技术导则》的内容进行建设。

导则定位：技术导则明确CIM基础平台的建设原则、技术思路和总体架构，细化数据汇聚、查询、平台运行、分析和开发接口的功能要求，提出数据分级分类、存储更新、共享服务的技术要求，明确了平台运维和安全保障的管理要求，对于规范CIM基础平台建设和运维、进一步加快各地CIM基础平台建设提供了有力的技术支撑。

导则特色：技术导则是为规范CIM基础平台建设和运维，提高行业对于CIM基础平台的客观认知度，推动各级CIM基础平台的建设。在CIM数据构成方面，明确城市行政区、数字高程模型、建筑三维模型（白模，含建筑统一编码等属性）、标准地址、实有单位和实有人口等必备数据，降低了各地CIM基础平台和数据建设的难度，具有"低门槛"的特色。其次，CIM分级基本兼容城市三维模型、CityGML分级及BIM等标准的分级层次，将3D GIS与BIM的分级进行了衔接；CIM面状分类解决了CIM数据种类繁杂的问题，兼容重用了现有BIM和GIS分类编码，具有"高兼容"的特色。最后，CIM数据构成涉及城市现状、未来（规划）、建设过程和动态感知等门类广泛而齐全的数据，为智慧城市构建了扎实的数字底座，明确了与时空信息平台、多规合一信息平台等现有系统的衔接关系，促进了二维、三维信息共享应用，强有力地支撑了各专业审批审查系统与智慧城市应用，具有"广覆盖、强支撑"的特色。

5.2.4 平台建设与运维类标准

标准定位：本标准主要是面向软件平台建设与应用相关部门，明确平台的定位、建设原则、总体框架、建成特性、功能应用、运维及性能等方面的内容，用于指导CIM基础平台的建设和管理。

标准特色：CIM基础平台是智慧城市的基础，定位于整个城市的平台，由政府主导建设，负责全面协调和统筹管理，并明确责任部门推进CIM基础平台的规划建设、运行管理、更新与维护工作。CIM基础平台总体架构采用《信息技术云计算 参考架构》GB/T 32399—2015和《信息技术 云计算 平台即服务（PaaS）参考架构》GB/T 35301—2017，宜符合PaaS功能视图的相关规定。明确CIM基础平台与现有时空信息平台、多规合一信息平台等的衔接关系，支撑各专业审批与应用系统等，促进二维、三维信息共享应用。

5.2.5 数据类标准

CIM数据类标准又可以根据数据对象的不同进一步分为CIM数据标准和CIM平台汇聚BIM数据类标准。

（1）CIM数据标准

标准定位：本标准是面向城市规划、建设和管理等多领域的CIM数据的分级分类、构成、内容与结构、入库更新与共享应用，用于指导规划和自然资源（含测绘）、城市住房和建设、交通管理、水务管理和园林市政管理等部门和相关单位，按统一的标准更新、共享和协同应用城市公共的二维数据和三维数据。

标准特色：统一规定CIM分级及其细致程度（LOD），在遵循《公共服务电子地图瓦片数据规范》GB/T 35634—2017中规定的20级的基础上，继续扩展细化到24级，无缝对接二维地理信息以体现CIM二维、三维一体化。以"低标准、广覆盖"的编制思路解决了CIM数据种类繁杂的问题，以及各类CIM数据统一组织、数据分类与编码方法、存储方式与数据结构标准、数据共享与交换标准等问题。以工程建设项目四阶段数据为核心业务数据，利用规划、设计、施工和竣工核心业务驱动保证模型数据的现势性，既服务于工程建设项目审批改革，又为智慧城市其他领域深化应用奠定了宽泛的数据基础，可满足根据实际情况进行扩充和完善。

（2）CIM平台汇聚BIM数据标准

标准定位：本标准是规定工程建设项目各阶段BIM模型与CIM平台对接的数据具体要求（内容、几何特征、非几何参数、格式与精度等），结合目前规划报批、项目设计报建、施工审查和竣工验收备案等要求，进一步明确业务审查要点、相应的BIM模型规范细则的标准，可直接服务于项目规划BIM模型报建、项目设计BIM模型报建、项目施工BIM模型审查、项目竣工BIM模型归档等。

标准特色：针对BIM项目特色，遵循《建筑信息模型设计交付标准》GB/T 51301—2018，确定在项目各阶段构件的选用，满足了CIM平台的展示应用需求，也满足了施工图审查的必要构件。从BIM模型与CIM平台对接标准建设出发，进行广泛的调研、咨询、论证，制定满足各方需要的统一BIM几何特征和非几何参数标准，供各应用方在相同的几何特征和非几何参数标准下进行模型创建。BIM设计汇交插件是一款基于主流BIM建模系统运行的辅助性插件，集标准运维、快速设计、形式检查、分块导出功能于一身，能极大方便设计人员依据交付要求设计符合BIM数据汇交的模型。软件不仅能提高建模效率，降低模型缺漏比例，降低建模复杂性，同时能提高模型完整性与合规性。插件支持分专业导出成多种三维模型格式，为CIM平台应用与共享提供重要的支撑。

5.2.6　应用类标准

CIM作为新兴概念，其建设和应用的理论框架尚未完全成熟，因此想要顺利的发展进步，尽量不走弯路，需要在应用推广阶段与建设阶段一样，建立一套可推广、可复制的应用类标准体系。该类标准的编制应与建设标准同步编制，遵循适度先行的理念对CIM平台的使用进行规范和指导。

（1）规划审查类标准

1）建设用地规划管理数据标准

标准定位：本标准包括建设用地规划主要管控数据、建设用地管理数据和归档数据等内容，主要作用是对立项用地规划许可阶段中建设用地规划管控数据进行约定。标准适用于基于CIM平台的立项用地规划许可阶段数字化报建和智能化审批工作，面向对象是设计人员、技术审查人员、行政审批人员。

标准特色：本标准对建设用地规划管理电子数据标准进行说明，可为建设用地规划条件生成、指标核实、许可证核发，以及规范建设用地规划管理工作提供数据指导，也可作为建设用地规划、申请、调整、注销或确认的参考资料。本标准可与建筑信息模型、CIM标准体系和建设工程数字化规划和电子报批需求对接，为增强建设用地规划管理过程中的数据处理能力提供基础条件。

2）建设工程规划报批数据标准

标准定位：本标准包括建筑工程、市政工程、交通工程的设计方案审查阶段、建设工程规划许可证核发阶段的规划报批数据应用等内容。确保建设工程规划报批数据与CIM平台衔接，适用于城乡规划区内的建设工程，包括建筑工程、市政工程、交通工程的设计方案审查阶段、建设工程规划许可证核发阶段的规划报批数据应用。面向对象是设计人员、技术审查人员、行政审批人员。

标准特色：本标准规定了建筑工程、市政工程、交通工程划报批数据的内容、命名规则以及制图要求，明确了建设工程规划报批数据技术要求、指标要求和交付标准，以确保建设工程规划报批数据与CIM平台衔接。本标准可与BIM、CIM标准体系和建设工程数字化规划需求对接，为增强工程建设项目审批全过程的规范性、完整性和准确性提供支撑。

（2）施工图审查类标准

1）施工图三维数字化审查设计交付标准

标准定位：本标准的主要作用是对交付物的内容及形式进行约定，明确设计人员为完成审查及平台要求需提交给平台BIM模型的数据内容及相关参数指标，并对交付物的内容及形式进行约定。面向对象是设计人员。

标准特色：本标准考虑了数字化设计模型不同阶段技术指标及规范文件中各类审批审查要求，明确了各阶段三维数字化模型的定性与定量化需求、审批审查指标定义及参数阈值。为实现数据的跨阶段传递，明确了交付模型的构件编码方式。由于目前现场施工依然采用传统二维图纸交付的方式，在交付标准中还考虑了二维图纸等其他文件的交付。

2）施工图三维数字化审查交付数据标准

标准定位：本标准的主要作用是归纳整理与审查指标相关的BIM模型参数指标及数据表达方式，形成BIM模型数据库成果文件，作为BIM数字化审查系统的配套标准，保障平台顺利运行。面向对象是系统开发人员。

标准特色：本标准归纳整理与审查指标相关的BIM模型参数指标及数据表达方式，建立统一开放、自主可控的BIM模型数据格式，以营造更为开放的BIM和CIM开发环境。基于目前主流BIM软件，由系统开发单位开发符合该数据标准的读写插件直接提供给设计人员使用，配合系统插件的测试不断验证本标准的有效性和可行性。

3）施工图三维数字化审查技术手册

标准定位：本标准的主要作用为界定BIM自动审查的条文范围及与BIM设计模

型相关数据信息的关联性，确定进行BIM自动审查的内容。本标准的使用对象是施工图审查人员，标准中将详细描述BIM自动审查的条文内容，拆解逻辑等关键信息。同时，由于指定本标准的内容直接决定了实现BIM自动审查所需要的元素、信息，因此本标准也是其他施工图审查类标准实施的基础。

标准特色：本标准明确了实现平台自动审查的各专业国家强制性条文的范围及分步实施方案。针对筛选出的条文进行条文拆解，归纳整理其与BIM模型参数间的关联关系，确定出相关参数的语义定义，归纳总结审查规则库以及相关构件专业属性数据。为实现计算机自动审查功能，解决建模规则不一的问题，施工图三维数字化模型必须按照一定的建模原则进行建立，因此通过不断的对审查系统进行测试，配套编写针对施工图审查系统的建模手册。

（3）竣工验收备案类标准

1）三维数字化竣工验收模型交付标准

标准定位：为规范三维数字化竣工验收模型的交付和管理，便于资料提交和部门间资料的共享，实现在CIM平台框架下二维资料与三维模型的关联展示，促进CIM平台信息交换与共享，应当对竣工验收信息以模型、工程图纸及其他文件等不同类型进行分类，并对竣工验收备案申报材料提出分类及管理的标准化要求。本标准适用于广州市范围内建筑工程三维数字化竣工验收模型在CIM平台和竣工验收管理系统的交付和管理，指导竣工验收模型建立单位和交付单位相关模型管理人员。

标准特色：通过研究制定本标准，为竣工验收资料交付单位和相关人员提供一个可参考的操作标准，以弥补目前CIM平台下三维数字化竣工验收模型交付和管理体系存在的标准缺失等问题，有利于推进工程审批制度改革下的CIM平台建设，为基于CIM平台的三维数字化竣工验收备案应用提供全面准确的基础信息。

2）三维数字化竣工验收备案技术标准

标准定位：为明确三维数字化竣工验收备案要求和内容、竣工验收管理系统功能，促进CIM平台信息管理与应用，制定本标准。竣工验收备案基本要求包含质量、规划、土地、消防、人防、档案等事项竣工验收备案材料，基于"最多交一次"的目标，归类和合并列举出竣工验收备案材料的种类和形式等内容，既对竣工验收备案提交资料提供具体要求，也方便竣工验收备案管理单位检索采用。各事项竣工验收备案材料的要求既要考虑竣工联合验收的业务需要，也要考虑CIM平台的接入要求，其主要包含竣工验收信息模型、工程图纸及其他文件。本标准适用于广州市范围内建筑工程三维数字化竣工验收交付物在CIM平台和竣工验收管理系统的管理和应用，指导竣工验收备案管理单位及管理人员。

标准特色：本标准是在广州市住房和城乡建设局发布的《三维数字化竣工验收

模型交付标准》基础上提出的应用标准，主要服务于竣工验收备案相关管理部门及相关软件平台开发人员，为城建档案信息化备案工作提供技术支持，转变现有工作模式，在保持管理质量的同时提升备案工作效率。

3）竣工验收资料挂接指引

标准定位：本标准是为方便交付人员进行工程图纸、其他文件等竣工验收资料与竣工验收信息模型在竣工验收管理系统上的挂接，配套《三维数字化竣工验收模型交付标准》实施，促进竣工验收的三维数字化交付。其涵盖竣工验收信息模型、工程图纸、其他文件等三维数字化竣工验收交付物的资料挂接，适用于竣工验收信息模型制作人员（BIM建模员）、竣工验收资料交付人员（资料员）以及竣工验收管理系统开发人员。

标准特色：在先行技术条件下，为保证竣工模型与工程图纸、其他文件等工程竣工验收资料之间建立有效关联，提出"固定文件地址+模型单元标识码"的竣工验收资料挂接解决方案，在国内尚属首次。利用BIM等数字化信息技术，结合工程竣工验收备案的资料要求，实现竣工验收资料的自动挂接，有效减少竣工验收资料交付人员的工作量，减少竣工验收备案数据的冗余。

第6章　夯实CIM数据基础

　　CIM平台构建的基础是CIM数据库，然而CIM数据的种类繁杂、格式各异，涉及基础地理数据、三维模型数据、BIM模型数据、规划数据、审批管理数据、城市管理要素数据、新型大数据、物联网实时感知数据和互联网在线抓取数据等，由于这些数据具有多时态、多类型、多粒度级别、多来源等特点，首先要解决各类CIM数据统一组织、数据分类与编码方法、存储方式与数据结构标准、数据共享与交换标准等问题。其次，海量异构信息需要在统一的空间地址和编码上进行衔接和匹配，形成城市统一的空间资产，这就涉及空间坐标转换及衔接的问题，这一点在BIM与CIM的融合中体现的尤为重要。此外，CIM平台需要共享的服务繁杂，包括政府部门（住房和城乡建设部门、规划和自然资源部门、政务服务数据部门、发改部门、气象部门、环保部门等）、企事业单位（设计单位、建设单位、施工单位、监理单位、勘测单位等），服务接口众多、规范不统一。为了满足这些用户各不相同的共建共享需求，除了技术本身，建立健全合理的数据共享和数据更新的制度体系也是保障的根本。

6.1　数据分级分类

6.1.1　模型分级

　　CIM涉及的地理信息、建筑信息模型、城市三维模型各自有相对独立的分级分类标准（表6-1）。如《基础地理信息要素分类与编码》GB/T 13923—2006规定了基础地理信息要素分类与编码；《公共服务电子地图瓦片数据规范》GB/T 35634—2017规定了瓦片数据的分级及各级别的地面分辨率和显示比例尺；《地理信息兴趣点分类与编码》GB/T 35648—2017规定了地理信息兴趣点的分类与编码原则；ISO 12006及《建筑信息模型分类和编码标准》GB/T 51269—2017规定了BIM分类及编码；《建筑信息模型设计交付标准》GB/T 51301—2018规定了BIM模型的四级精细度分级；《城市三维建筑技术规范》CJJ/T 157—2010规定了城市三维模型的分类及分级；《国民经济行业分类》GB/T 4754—2017规定了国民经济行业的分类。通过梳理整合上述分类分级标准和各地实践，结合行业专家反馈意见，对比分析了CIM分级分类。

应用及借鉴标准　　　　　　　　　　　　　　表6-1

标准号	标准名称
ISO 12006	IFD（International Framework for Dictionaries）
GB/T 13923 —2006	《基础地理信息要素分类与编码》
GB/T 35634—2017	《公共服务电子地图瓦片数据规范》
GB/T 35648—2017	《地理信息兴趣点分类与编码》
GB/T 4754—2017	《国民经济行业分类》
GB/T 51269—2017	《建筑信息模型分类和编码标准》
GB/T 51301—2018	《建筑信息模型设计交付标准》
CJJ/T 157—2010	《城市三维建模技术规范》
—	《测绘标准体系（2017修订版）》
—	自然资源部《国土空间调查、规划、用途管制用地用海分类指南（试行）》

　　CIM是在GIS和BIM的基础上发展而来的，由GIS整合及管理建筑外部环境信息和建筑物内部信息，故CIM分级可以从GIS和BIM这两方面来考虑。城市三维模型能够逼真的对现实世界进行模拟仿真。2010年住房和城乡建设部发布的《城市三维建模技术规范》CJJ/T 157—2010将城市三维模型按表现细节划分为四个层级，LOD1到LOD4级随着比例尺逐渐增大，模型精度要求逐渐提高，模型表现逐渐精细，侧重于对地形立体表面和实体三维框架的表达。2018年《建筑信息模型设计交付标准》GB/T 51301—2018将BIM模型按精细度等级划分为4级，从LOD1.0到LOD4.0模型逐渐精细。Yichuan Deng详细分析对比了CityGML与BIM的分级IFC对象及其制图特征，根据常见模型对象及特征，可将三维模型4个等级、BIM精细度4个基本等级与CityGML5分级进行综合比对，虽然各级别细节略有出入，但整体上可形成级别对应关系（表6-2）。

城市三维模型、CityGML和BIM层级对比　　　　　　表6-2

序号	模型主要内容及特征	三维模型分级	CityGML分级	BIM精细度基本等级
1	地形模型，平面轮廓或符号表达实体	LOD1 （体块模型）	LOD0	
2	实体三维立体框架，如建筑立体框架（白模）	LOD2 （基础模型）	LOD1	
3	实体三维立体框架+标准表面，如建筑立体框架、封闭表面、屋顶表面	LOD3 （标准模型）	LOD2	
4	实体三维立体框架+精细表面，如建筑立体框架、封闭表面、分层表面、窗户	LOD4 （精细模型）	LOD3	LOD1.0 （项目级BIM）

续表

序号	模型主要内容及特征	三维模型分级	CityGML分级	BIM精细度基本等级
5	完整功能的模块或空间信息，如分层分户、房间、内墙表面、主要建筑装饰，满足空间占位、主要颜色等粗略识别需求的几何表达精度		LOD4	LOD2.0（功能级BIM）
6	单一的构配件或产品信息，如建筑构件（墙、梁、板、柱等）满足建造安装流程、采购等精细识别需求的几何表达精度			LOD3.0（构件级BIM）
7	从属于构配件或产品的组成零件或安装零件信息，满足高精度渲染展示、产品管理、制造加工准备等高精度识别需求的几何表达精度			LOD4.0（零件级BIM）

依据现有模型不同级别所展现的特征，结合各级别尺度与精细度，城市三维模型的精细模型细节表现层次侧重表达建筑体（群）的三维框架及表面，完全达到项目级BIM的层次要求，故将精细模型与项目级BIM融合形成同一个层级。

通过整合以上传统城市三维模型、CityGML及BIM分级方式，综合设计形成地表模型、框架模型、标准模型、精细模型、功能级模型、构件级模型、零件级模型7级CIM模型（表6-3），实现数据的高效融合、存储、加工应用、加载。

CIM分级　　　　　　　　　　　　　表6-3

级别	名称	模型主要内容	模型特征	数据源精细度	模型示例
I	地表模型	行政区、地形、水系、居民区、交通线等	DEM和DOM叠加实体对象的基本轮廓或三维符号	小于1∶10000	居民区 居民区
II	框架模型	地形、水利、建筑、交通设施等	实体三维框架和表面（无纹理），包含实体分类等信息	1∶5000~1∶10000	
III	标准模型	地形、水利、建筑、交通设施、管线管廊、植被等	实体三维框架、外表面，包含实体分类、标识和基本属性等信息	1∶1000~1∶2000	

续表

级别	名称	模型主要内容	模型特征	数据源精细度	模型示例
IV	精细模型	地形、水利、建筑外观及建筑分层结构、交通设施、管线管廊、植被等	实体三维框架、内外表面细节（真实纹理），包含模型单元的身份描述、项目信息、组织角色等信息	优于1：500 或 G1、N1	
V	功能级模型	建筑、设施、管线管廊、场地、地下空间等要素及其主要功能分区（对应于房屋的分层分户）	满足空间占位、功能分区等需求的几何精度，包含和补充上级信息，增加实体系统关系、组成及材质，性能或属性等信息	G1～G2，N1～N2	
VI	构件级模型	建筑、设施、管线管廊、地下空间等要素的功能分区及其主要构件	满足建造安装流程、采购等精细识别需求的几何精度（构件级），宜包含和补充上级信息，增加生产信息、安装信息	G2～G3，N2～N3	
VII	零件级模型	建筑、设施、管线管廊、地下空间等要素的功能分区、构件及其主要零件	满足高精度渲染展示、产品管理、制造加工准备等高精度识别需求的几何精度（零件级），包含上级信息并增加竣工信息	G3～G4，N3～N4	

6.1.2 模型和信息分类

从某种角度而言，BIM是CIM的细胞单元，建筑、市政、道桥、水利、园林等要素的BIM组合起来，打通它们之间的关联，就构成了城市级别的CIM。考虑到CIM需完整地描述结构复杂的城市系统，以领域扩展思路对CIM从成果、进程、资源、属性和应用五大维度采用面分类法进行扩展分类。其中成果包括按功能分建筑物、按形态分建筑物、按功能分建筑空间、按形态分建筑空间、BIM元素、工作成果、模型内容七种分类，前六种引用《建筑信息模型分类和编码标准》GB/T 51269—2017附录A.0.1～A.0.6分类，模型内容参考《基础地理信息要素分类编码》GB/T 13923—2006和《城市二维建模技术规范》CJJ 157—2010分类；进程包括工程建设项目阶段、行为、专业领域、采集方式四种分类，前三种引用《建筑信息模型分类和编码标准》GB/T 51269—2017附录A.0.7～A.0.9分类，采集方式参考《测绘标准体系》；资源包括建筑产品、组织角色、工具、信息四种分类，引用《建筑

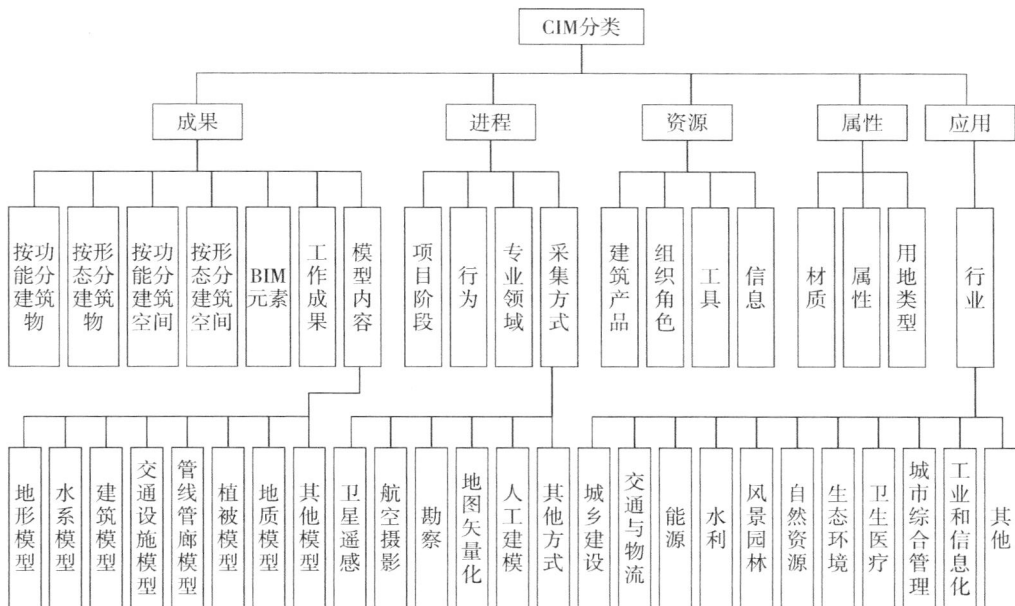

图6-1　CIM数据分类框架

信息模型分类和编码标准》GB/T 51269—2017附录A.0.10～A.0.13分类；属性包括材质、属性、用地类型三种分类，前两种引用《建筑信息模型分类和编码标准》GB/T 51269—2017附录A.0.14～A.0.15分类，用地类型引用自然资源部《国土空间调查、规划、用途管制用地用海分类指南（试行）》的用地分类代码；应用包括行业一种分类，引用《国民经济行业分类》GB/T 4754—2017的国民经济行业分类编码。

CIM的分类在符合现行国家标准《信息分类和编码的基本原则与方法》GB/T 7027—2002的规定下，依据可扩延性、兼容性和综合实用性原则进行扩展，扩展分类时，相关标准中已规定的类目和编码保持不变（图6-1）。

CIM数据分类在BIM基础上进行扩充，分类维度上新增了应用，并在成果分类维度下新增模型内容，进程分类维度下新增采集方式，属性分类维度下新增用地类型等。这样分类既充分吸收了BIM已有的精华，做到高度兼容，同时又扩展了CIM信息分类，展现了CIM自身特色。CIM所容纳的信息覆盖各种空间、时间维度，可描述城市内各种物理或人文实体，具有多时态、多类型、多粒度级别、多来源等特点，其多尺度多维度、多类别导致其数据种类复杂，数据内容丰富，单一维度的分类必然无法满足CIM实际应用的需求。从成果、进程、资源、属性和应用多种维度对CIM进行分类，覆盖范围及内容更加全面，更符合CIM的实际，也更易于现实应用。

6.2　数据构成

按数据类型划分，CIM数据主要涉及二维数据、三维数据和BIM模型数据。其中，二维数据主要是大场景的全域数字化现状数据、空间规划数据，小场景的物联网监测感知数据。全域数字化现状数据包含地理实体、地名地址、电子地图（底图）数据；空间规划主要包含总体规划、详细规划和专项规划以及历史规划数据，通常以GIS/CAD和时序数据格式存在，是CIM平台常见数据源。三维数据主要针对示范区域的倾斜摄影、激光点云等三维模型等数据，常见格式有FBX、OSGB、OBJ、3ds、STL等，是CIM平台的主要数据源。BIM数据主要围绕城市"规、设、建、管"领域涉及的数据，主要包括局部区域（如城市CBD）中小场景的城市设计数据（如局部景观设计、建筑设计、市政设计等）和建设项目数据（主要是详细设计图BIM成果、施工图BIM成果和验收BIM成果），对应BIM五级LOD分别适应于规划、初步设计、详细设计、施工和运营等应用场景，要兼容常见软件Revit、Tekla、InfraWorks、Sketchup等数据格式，是CIM平台需要兼容的重要数据源（图6-2）。

按专题内容划分，CIM数据宜包括时空基础数据、资源调查数据、规划管理数据、工程建设项目数据、公共专题数据和物联感知数据等，详见表6-4。

其中时空基础数据是反映城市历史和现状的各类数据集合，包括各层级行政区、政务电子地图以及测绘遥感数据、三维模型数据。三维模型数据参照已有相关标准《三维地理信息模型数据产品规范》CH/T 9015—2012及《城市三维建模技术规范》CJJ/T 157—2010，在此基础上进行整合、扩展，形成三维模型数据的小类目录及数据结构。

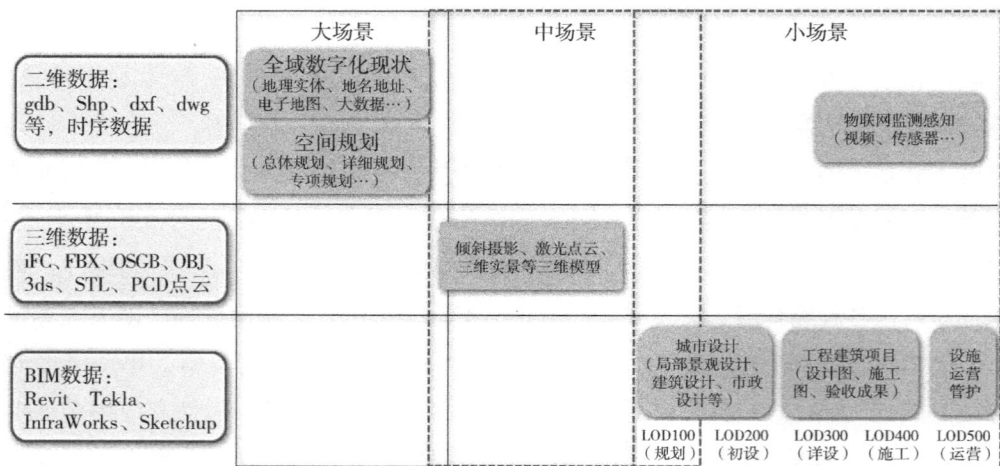

图6-2　CIM数据架构

CIM数据构成　　　　　　　　　　表6-4

门类	大类	中类	类型	约束
时空基础数据	行政区	国家行政区	矢量	C
		省级行政区	矢量	C
		地级行政区	矢量	M
		县级行政区	矢量	C
		镇级行政区	矢量	C
		其他行政区	矢量	C
	测绘遥感数据	数字正射影像图	栅格	C
		倾斜影像	栅格	C
	三维模型	数字高程模型	栅格	M
		建筑三维模型	信息模型	M
		水利三维模型	信息模型	C
		交通三维模型	信息模型	C
		管线管廊三维模型	信息模型	C
		植被三维模型	信息模型	C
		其他三维模型	信息模型	O
资源调查数据	国土调查	国土调查与变化调查	矢量	C
	地质调查	基础地质	矢量	C
		地质环境	矢量	C
		地质灾害	矢量	C
	耕地资源	耕地资源	矢量	C
		永久基本农田	矢量	C
	水资源	水系水文	矢量	C
		水利工程	矢量	C
		防汛抗旱	矢量	C
	房屋建筑普查	房屋建筑	矢量	C
		照片附件	电子文档	C
	市政设施普查	道路设施	矢量	C
		桥梁设施	矢量	C
		供水设施	矢量	C
		排水设施	矢量	C
		园林绿化	矢量	C
		照片附件	电子文档	C
规划管理数据	三条控制线	生态保护红线/永久基本农田/城镇开发边界	矢量	C
	规划成果数据	相关规划	矢量	C

续表

门类	大类	中类	类型	约束
工程建设项目数据	立项用地规划许可	策划项目信息（未选址）	结构化数据	C
		协同计划项目（已选址）	矢量	C
		项目红线	矢量	C
		立项用地规划信息	结构化数据	C
		证照信息	结构化数据	C
		批文、证照扫描件	电子文档	C
	建设工程规划许可	规划设计模型	信息模型	C
		报建与审批信息	结构化数据	C
		证照信息	结构化数据	C
		批文、证照扫描件	电子文档	C
	施工许可	施工图模型	信息模型	C
		施工审查信息	结构化数据	C
		证照信息	结构化数据	C
		批文、证照扫描件	电子文档	C
	竣工验收	竣工验收模型	信息模型	C
		竣工验收信息	结构化数据	C
		验收资料扫描件	电子文档	C
公共专题数据	社会数据	就业和失业登记、人员和单位社保	结构化数据	C
	实有单位	机关、事业单位、企业、社团	结构化数据	M
	宏观经济数据	国内生产总值、通货膨胀与紧缩、投资、消费、金融、财政	结构化数据	C
	实有人口	自然人基本信息	结构化数据	M
	兴趣点数据	引用《地理信息兴趣点分类与编码》GB/T 35648—2017	矢量	O
	地名地址数据	地名	矢量	C
		标准地址	矢量	M
物联感知数据	建筑监测数据	设备运行监测	—	C
		能耗监测		O
	市政设施监测数据	城市道路桥梁、轨道交通、供水、排水、燃气、热力、园林绿化、环境卫生、道路照明、垃圾处理设施及附属设施		C
	气象监测数据	雨量、气温、气压、湿度等监测		O
	交通监测数据	交通技术监控信息		O
		交通技术监控照片或视频		O
		电子监控信息		O
	生态环境监测数据	水、土、气等环境要素监测		O
	城市运行与安防数据	治安视频、三防监测数据、其他		C

资源调查与登记是指调查监测各类自然资源的数量、布局及权属，是自然资源管理的基本要求和依据，也是保障自然资源合理利用的前提和基础。资源调查与登记数据是反映城市现有资源状况的历史和现状的各类数据集合，应包含地质调查数据、国土调查数据、耕地资源数据、森林资源数据、草原资源数据、水资源数据、不动产登记数据。

规划管控数据为行政审批和国土空间用途管制提供管控数据依据，是各类开发保护建设活动的基本依据。规划管控数据应包括开发评价、重要控制线、国土空间规划、专项规划的成果数据及已有的相关规划数据。

工程建设项目数据则对应《国务院办公厅关于全面开展工程建设项目审批制度改革的实施意见》（国办发〔2019〕11号）划分的四个阶段，应包含立项用地规划数据、项目规划报建数据（含BIM）、工程施工审查数据（含BIM）、竣工验收备案数据（含BIM）。

公共专题数据是关系社会、经济、民生等状况的各类数据集合。通过接入公共专题数据，建立公共专题数据之间以及与基础地理实体之间的关联关系，实现各类公共专题数据的融合、联动。公共专题数据至少包括社会数据、法人数据、宏观经济数据、人口数据、民生兴趣点数据、地名地址数据。

物联网感知数据是指各种公共设施及各类专业传感器感知的具有时间标识的即时数据。通过承载和打通物联网设备信息的海量动态城市数据，为城市的智慧运营提供数据基础，提升城市智能感知预警能力。物联网感知数据至少包括建筑空间、气象、交通、生态环境、水利、灾害等专题监测监控数据。

6.3　数据库建设

构建可以融合海量多源异构数据的CIM基础数据库，需参考《建筑信息模型应用统一标准》GB/T 51212—2016、《建筑信息模型分类和编码标准》GB/T 51269—2017《建筑信息模型设计交付标准》GB/T 51301—2018等国家级标准，完成现状三维数据入库；收集现有BIM单体模型建库并接入新建项目的建筑设计方案BIM模型、施工图BIM模型和竣工验收BIM模型；整合二维基础数据，实现审批数据项目化、地块化关联；统一时空基准，空间参考应采用2000国家大地坐标系（CGCS2000）的投影坐标系或与之联系的城市独立坐标系，高程基准应采用1985国家高程基准，时间系统应采用公历纪元和北京时间，实现二维、三维数据融合，完成统一建库。

按数据内容可分为二维基础数据库、城市现状三维数据库、BIM模型库、城市规划专题库、城市建设专题库、物联感知数据库等。具体数据库建设内容如下：

（1）二维基础数据库建设：融合目前常见的GIS二维数据，包括政务电子地图、遥感影像、行政区划、地名地址、道路、水系、交通、房屋、设施等全域数字化现状数据，接入"多规合一"管理平台底图和各委办局工程建设项目审批结果信息，整合四标四实基础数据等。

（2）城市现状三维数据库建设：主要包括白模、人工建模、倾斜摄影和三维点云数据的接入或整理建库，同时保留三维数据的几何信息、纹理信息及贴图方式，使得三维数据整体感强，效果美观。

（3）BIM数据库建设：通过收集整合城市工程项目审批全生命周期的所有BIM模型数据，包括规划报建BIM模型、建筑设计方案BIM模型、施工图BIM模型、竣工验收模型等，还有与这些模型关联的工程文档、报表、多媒体信息等。

（4）城市规划专题库建设：整合城市总体规划（含新一轮总体规划成果）、详细规划、专项规划以及历史规划等空间规划数据，接入各部门、各规划现有成果，包括教育、医疗、公安、司法、环保等部门数据。

（5）城市建设专题库建设：接入各委办局工程建设项目审批结果信息，涵盖项目从立项用地规划许可、工程建设许可、施工许可和竣工验收四大阶段，包括不动产单元号、全生命周期项目编号、业务阶段名称、当前业务阶段审批文证号、前置业务阶段审批文证号、前置业务阶段业务类型，同时录入批准书文号、发证面积、用地单位、用地地点、用地项目、用地面积、合同号、地块编号、起始价、出让金缴交情况、土地取得方式、建筑面积等建设用地批准书信息，以及修建性详细规划、建设工程放线测量的详细信息。

（6）物联感知数据库建设：接入视频监控数据、起重机械安全监控数据、地下工程和深基坑安全监测预警数据、建筑能耗监测数据等。

6.4　数据共享交换

CIM数据应由各部门负责提供并更新维护，各部门、各单位应将数据按照本标准规定要求进行处理，并接入CIM平台，实现面向不同部门和不同业务需求的数据应用、交换和共享，综合利用城市各部门、各行业的数据成果，构建城市级数据闭环，为城市精细化协同管理提供数据基础。

CIM数据共享主要包含在线共享、前置交换和离线拷贝三种方式。在线共享可提供浏览、查询、下载、订阅、在线服务调用等方式共享CIM数据；前置交换可通过前置机交换CIM数据；离线拷贝可通过移动介质拷贝共享数据。

同时，CIM数据共享与交换内容应符合国家、行业及地方相关保密规定，涉密数据应按规定进行脱密处理。按共享类型分为无条件共享、有条件共享、不予共享三种类型，本目录新增互联网共享类型。可提供给所有政务部门共享使用的政务信息属于无条件共享类；仅能够提供给相关政务部门共享使用，或者仅能够部分提供给政务部门共享使用的政务信息属于有条件共享类；不宜提供给其他政务部门共享使用的政务信息属于不予共享类；无条件提供给互联网共享使用的政务信息属于互联网共享类。数据共享与交换内容、要求及交换频次信息应符合表6-5的规定。

数据共享与交换内容　　　　　　　　　表6-5

序号	一级名称	二级名称	共享与交换方式	共享与交换频次
1	时空基础数据	行政区	在线共享或前置交换或离线拷贝	实时共享，按需交换
		测绘遥感数据	在线共享或前置交换或离线拷贝	实时共享，按需交换
		三维模型	在线共享或前置交换或离线拷贝	实时共享，按需交换
2	资源调查数据	地质调查、国土调查、耕地资源、水资源、房屋建筑普查和市政设施普查数据	在线共享	按需共享
3	规划管控数据	开发评价、重要控制线、国土空间规划、专项规划	在线共享或离线拷贝	实时共享，按需交换
4	工程建设项目数据	立项用地规划许可数据、建设工程规划许可数据、施工许可数据、竣工验收数据	在线共享或前置交换	实时共享，按需交换
		规划设计模型、施工图模型、竣工验收模型	在线共享或前置交换	实时共享，按需交换
5	公共专题数据	社会数据、实有单位、宏观经济数据、实有人口、兴趣点数据、地名地址数据	在线共享或前置交换	实时共享，按需交换
6	物联网感知数据	建筑、市政设施、气象、交通、生态环境及城市运行与安防数据	在线共享或前置交换	实时共享，按需交换

CIM数据共享与交换应通过CIM基础平台直接转换，或采用标准的或公开的数据格式进行格式转换，数据及服务类型应符合表6-6规定。CIM数据类型主要包括矢量、切片、栅格、信息模型、结构化数据（如视频、电子文档）等。CIM数据共享服务的类别一般有网络地图服务（WMS）、基于缓存的网络地图服务（WMS-C）、

网络瓦片地图服务（WMTS）、网络要素服务（WFS）、网络覆盖服务（WCS）、网络地名地址要素服务（WFS-G）、索引3D 场景服务（I3S）、3DTiles 服务。

CIM数据及服务类型　　　　　　　　　　　表6-6

一级名称	二级名称	数据类型	共享服务规格
时空基础数据	行政区	矢量数据	WMS、WMTS、WFS
	三维模型	信息模型	I3S、3D Tiles、S3M
	测绘遥感数据	栅格数据	WMS、WMTS、WCS 或I3S、3D Tiles、S3M
资源调查数据	地质调查、国土调查、耕地资源、水资源、房屋建筑普查和市政设施普查数据	矢量数据	WMS、WMTS、WFS
规划管控数据	开发评价、重要控制线、国土空间规划、专项规划	矢量数据	WMS、WMTS、WFS
工程建设项目数据	立项用地规划许可数据、建设工程规划许可数据、施工许可数据、竣工验收数据	矢量数据	WMS、WMTS、WFS
	规划设计模型、施工图模型、竣工验收模型	信息模型	I3S、3D Tiles、S3M
公共专题数据	社会数据、宏观经济数据	关联行政区的结构化数据	WMS、WMTS、WFS
	实有单位、实有人口	关联位置或行政区的结构化数据	WMS、WMTS、WFS
	兴趣点数据	矢量数据	WMS、WMTS、WFS
	地名地址数据	矢量数据	WFS-G
物联网感知数据	气象、交通、生态环境监测数据	关联行政区的结构化数据	WMS、WMTS、WFS
	城市运行与安防数据	—	—

CIM数据共享服务规格说明：

（1）WMS：网络地图服务（Web Map Service）是开放地理空间信息联盟(Open Geospatial Consortium，简称OGC）制定的系列标准之一，是利用具有地理空间位置信息的数据制作地图。

（2）WMS-C：基于缓存的网络地图服务（Web Mapping Service-Cached），2006年在FOSS4G会议上提出并讨论，目的在于提供一种预先缓存数据的方法，以提升地图请求的速度。

（3）WMTS：网络瓦片地图服务（Web Map Title Service），提供了一种采用预定义图块方法发布数字地图服务的标准化解决方案。

（4）WFS：网络要素服务（Web Feature Service），是开放地理空间信息联盟制定的系列标准之一。支持用户在分布式的环境下通过HTTP对地理要素进行插入、更新、删除、检索和发现服务。

（5）WCS：网络覆盖服务（Web Coverage Service），是开放地理空间信息联盟制定的系列标准之一。面向空间影像数据，它将包含地理位置值的地理空间数据作为"栅格"在网上相互交换，如卫星影像、数字高程数据等。

（6）WFS-G：网络地名地址要素服务（Web Feature Gazetteer Services），遵循开放地理空间信息联盟 的WFS，主要是提供地名、地址数据的查询、检索功能。

（7）i3s：索引3D场景服务（Indexed 3D Scene Layer），i3s作为开放的标准，可用于流式传输具有大数据量、多种类型地理数据集的三维内容，是开放地理空间信息联盟新的国际三维标准。

（8）3DTiles：3D瓦片服务，是开放地理空间信息联盟制定的系列标准之一，专门为大量地理3D数据流式传输和海量渲染而设计的一种格式。

（9）Web Service：通过网页服务器以接口形式共享。

（10）前置机：通过本部门的前置机服务器共享。

6.5 数据更新

数据是平台运行的血液，要保障始终都能为平台注入新鲜的血液，需要建立全生命周期的数据更新方式，从数据的来源单位到数据的应用部门，从数据规划、数据管理到数据的即时更新。由于CIM数据主要通过两种方式获得，一种是接入其他平台/系统的数据服务，另外一种是根据项目建设内容整理建设的数据，如倾斜摄影、BIM数据等。对于接入其他平台/系统的数据服务，由数据权属单位负责更新与版本管理。对于依据项目建设内容整理建设的数据，通过CIM基础平台的数据管理子系统进行更新和版本管理。其中倾斜摄影数据更新频率根据数据采集情况而定；BIM采用单体单栋逐步补充更新到CIM平台的方式，更新频率按项目报建、审查的实际进展而定。其他更多关于数据更新管理的建设遵循一套标准体系中的动态更新规范与质量检查规范，保证数据前后的一致性以及更新中用户数据操作的正确性。

CIM数据库可采用要素更新、专题更新、局部更新和整体更新等方式。更新数据的坐标系统和高程基准应与原有数据的坐标系统和高程基准相同，精度应与原有数据精度保持一致。几何数据和属性数据应同步更新，并应保持相互之间的关联，数据更新后应及时更新数据库索引及元数据。数据更新时，数据组织应符合原有数据分类编码和数据结构要求，应保证新旧数据之间的正确接边和要素之间的拓扑关系。

第7章　建设CIM基础平台

CIM与GIS、BIM一样，是一门技术，可以用到各个行业，将来会出现铁路CIM、水务CIM、应急CIM等，我们把各专业都需要的公共部分，通过城市政府全市统一建起来，叫CIM基础平台，在这个基础平台上开展专业、专项和综合应用。

7.1　平台定义

城市信息模型基础平台（basic platform of city information modeling，以下简称CIM基础平台）是以工程建设项目业务协同平台（"多规合一"业务协同平台）等为基础，融合二维、三维空间信息、BIM、物联网感知信息，提供三维可视化表达和服务引擎、工程建设项目各阶段信息模型汇聚管理、审查与分析等核心功能，提供从建筑单体、社区到城市级别的模拟仿真能力，支撑智慧城市应用的信息平台。

7.2　平台定位与要求

CIM平台是CIM技术应用于实际的核心手段，而CIM基础平台作为CIM平台的基础支撑，是CIM平台建设不可或缺的组成部分，同时CIM基础平台既是现代城市的新型基础设施，也是智慧城市建设的重要支撑。

CIM基础平台是城市公共数字底座，应由城市人民政府主导总体设计和统筹管理。

CIM基础平台的建设必须提供汇聚各种信息模型的能力，应至少应包含城市行政区、地形地貌模型、建筑白模（含建筑物编码）、"一标三实"、基础设施、城市控制线6类数据；应具有基础数据接入与管理、模型数据汇聚、多场景模型浏览与定位查询，运行维护和网络安全管理、支撑"CIM+"应用的开发接口等基本功能，具备模拟仿真能力；应具备模拟仿真建筑单体到社区和城市的能力，宜提供规划信息模型审查、设计信息模型报建审查、施工图信息模型审查和竣工信息模型备案等功能。其在整个CIM平台建设中的定位如图7-1所示。

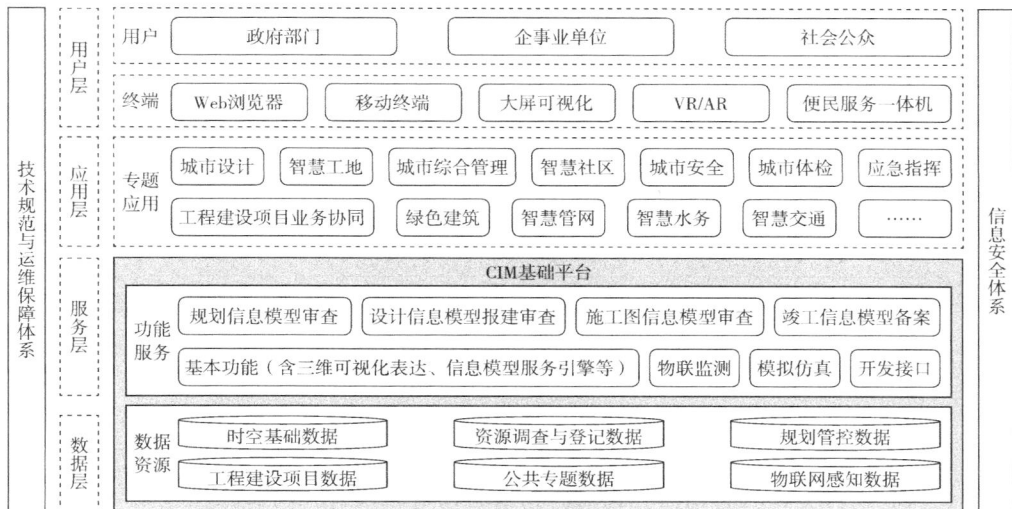

图7-1 CIM基础平台定位

7.3 总体架构

CIM平台总体架构采用《信息技术 云计算 参考架构》GB/T 32399—2015和《信息技术云计算平台即服务（PaaS）参考架构》GB/T 35301—2017标准，符合平台功能视图的相关规定（图7-2）。

基础设施层：主要指通过感知设备、市级基础设施云平台、时空大数据平台获取城市运行数据，为项目提供基础支撑，其中感知设备包括卫星感知、航空感知、设备感知等。

数据层：囊括了基础数据、城市现状三维模型、BIM、城市规划专题数据、城市建设专题数据、城市管理专题数据等，为CIM平台建设提供数据支撑。

平台层：基于基础设施层和数据层而建设，数据经数据管理子系统数据交换与定制开发子系统、运维管理子系统等接入平台，并对外提供服务和成果共享；可在应用层的浏览展示系统进行基础的展示浏览；在数据分析和模拟系统、辅助审查系统进行模拟与应用等。

应用层：通过浏览展示系统、分析模拟系统、辅助审查系统支撑平台的应用，并在浏览展示系统、分析模拟系统、辅助审查系统中实现对"规、设、建、管"四大方面的应用。

展示层：主要是PC端、移动终端和大屏的显示。用户可通过PC端和移动终端，在统一的网络上使用系统平台；大屏可向用户展示城市发展现状和发展趋势，了解规划实施进度等。

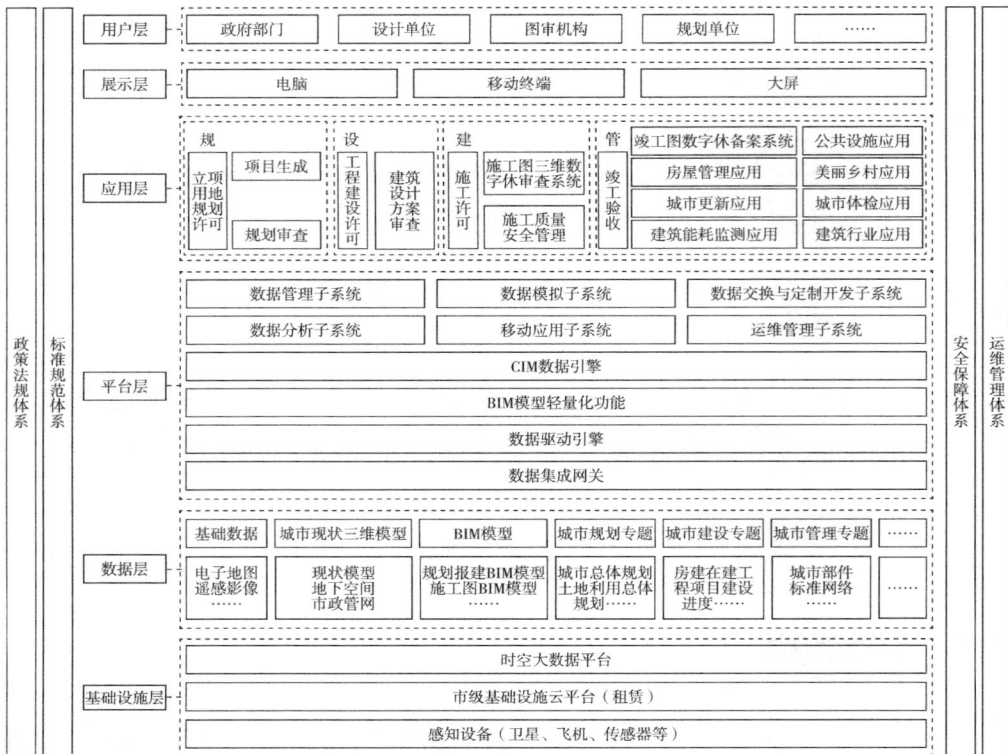

图7-2　CIM平台总体架构

用户层：项目所面向的各用户，主要包括政府部门、企业、社会公众等。

7.4　核心组成模块

7.4.1　CIM数据引擎

实现地形、影像、三维模型、BIM等海量多源异构数据的加载和高效渲染；实现对BIM的构件属性展示、构件统计、批注与管理、检索等；实现二维、三维联动、视点切换与漫游；实现基于CIM数据的视频融合。主要面向规划设计人员、分析决策人员和审查人员（图7-3）。

7.4.2　BIM轻量化

BIM轻量化是基于 Autodesk Revit平台所运行的一款功能性插件，主要提供了BIM的模型处理、数据导出等功能，实现了对BIM进行轻量化，方便不同系统、不同终端使用BIM开展各类应用，实现了BIM的"轻量化"应用模式（图7-4）。

图7-3　CIM数据引擎

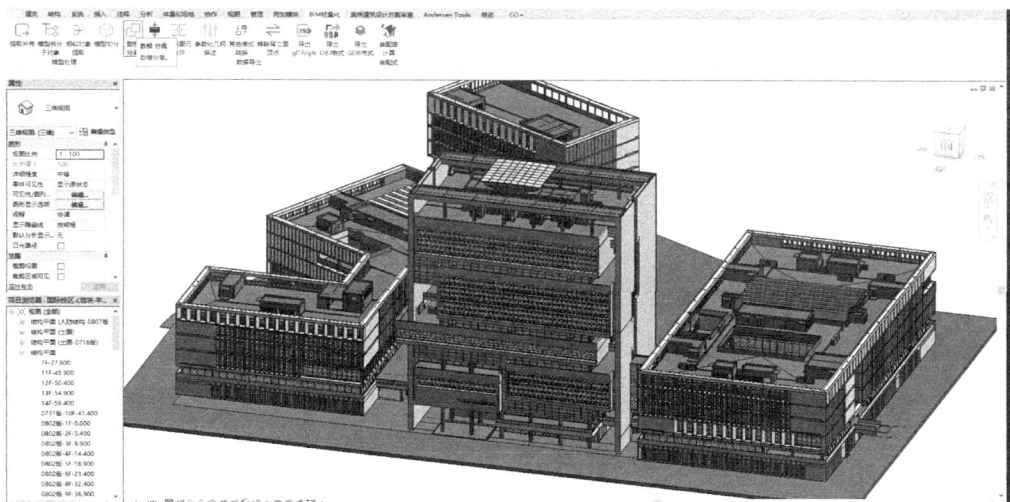

图7-4　CIM数据引擎

7.4.3　数据集成网关

实现对不同的数据进行接入、转换、管理和分发。如起重机械安全监控的数据可以组织成WebService的服务，通过定义数据接入接口，实现监控数据不断的接入，接入过程中，可设置规则对数据进行清洗和转换，最后将数据分发到CIM平台中，以多种方式显示其监控数据，并提供监控数据的分析报告（图7-5）。

图7-5　CIM数据引擎

7.4.4　数据驱动引擎

以BIM为基础数据建立起来的CIM基础平台，需具备对BIM中构件的事件响应能力，驱动BIM构件完成规定的动作，在智慧路灯、智能监控、智慧井盖等方面具有广泛的应用场景（图7-6）。

图7-6　CIM数据引擎

7.5 关键子系统

7.5.1 数据管理子系统

数据管理子系统具备BIM数据管理、空间数据管理、数据服务管理和数据授权的能力，实现了对CIM数据的管理（图7-7）。

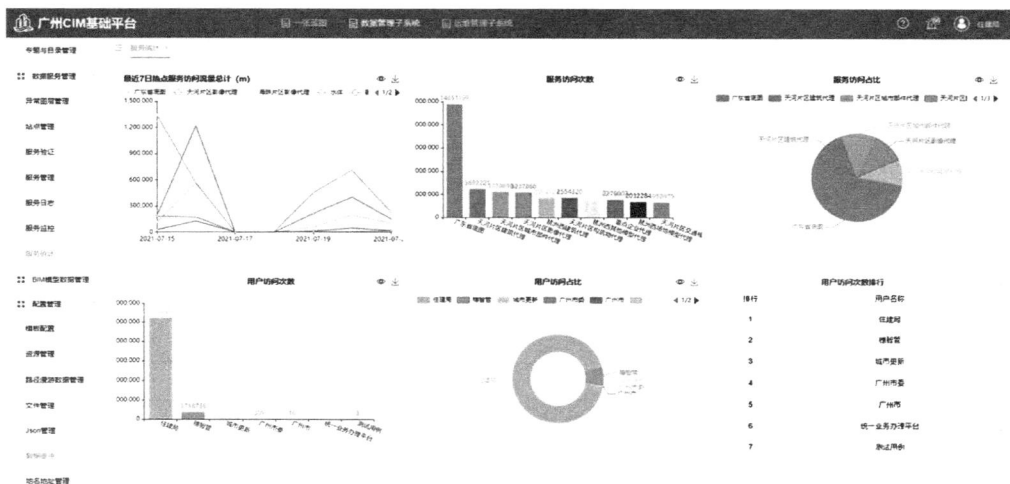

图7-7 CIM数据管理子系统

7.5.2 数据模拟与分析子系统

实现CIM平台的二维、三维及BIM的基础分析能力，支持立体要素的二维、三维转换，为用户提供BIM分层剖切、BIM空间测量，实现对BIM模型每一个构件属性的查看；可针对相关业务系统提供CIM平台常用分析决策的工具，辅助场景模拟，帮助用户有效开展空间业务（图7-8）。

7.5.3 数据交换与定制开发子系统

通过数据服务和开发API接口管理实现平台数据的集成与扩展，并提供二次开发接口、开发指南和示例DEMO，方便其他委办局可以基于CIM平台的数据和功能，根据自身的业务特点定制开发基于CIM的应用，例如智慧交通、智慧水务等（图7-9）。

图7-8　数据模拟与分析

图7-9　数据交换与定制开发

7.5.4　移动应用子系统

支持政务网移动端数据交互，方便用户随时随地访问系统数据库，具体包括 CIM数据浏览、CIM数据漫游、CIM数据属性查看、CIM批注、多角度浏览剖面布局等，实现移动办公与管理（图7-10）。

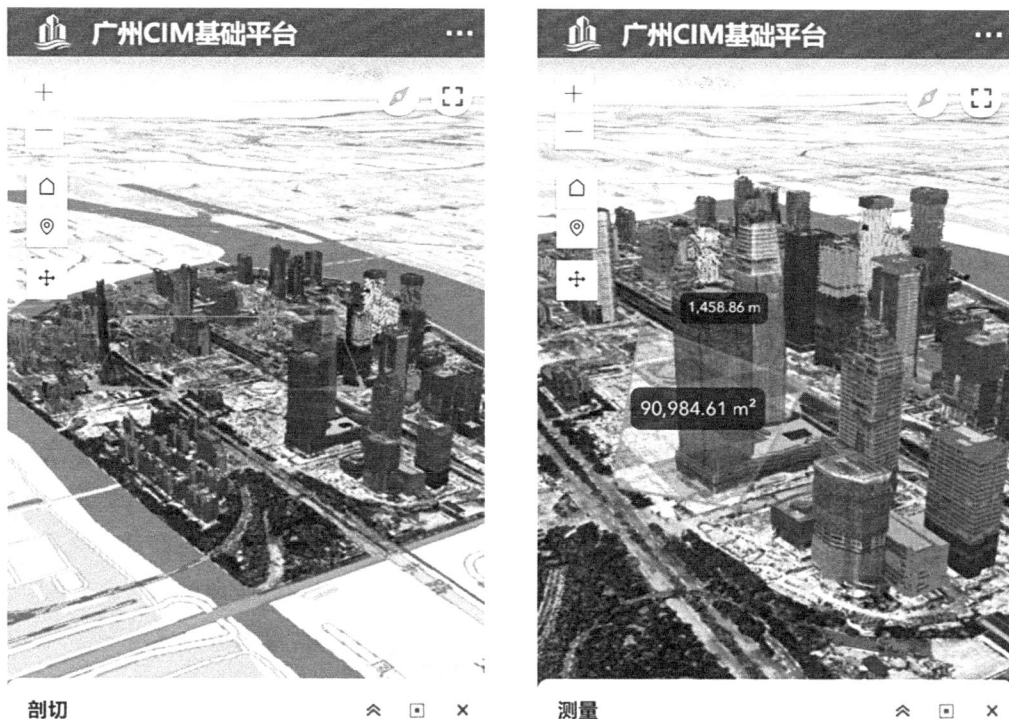

剖切　　　　　　　　　　测量

图7-10　CIM移动应用

7.5.5　运维管理子系统

实现对平台门户的统一管理与安全认证、用户的组织机构及人员的管理、角色管理、系统权限的管理和用户行为日志管理（图7-11）。

图7-11　平台运维管理

7.6　系统集成

CIM基础平台作为CIM数据汇聚、应用的载体，是智慧城市的基础性和关键性信息基础设施，应利用城市现有政务信息化基础设施资源，支撑城市规划、建设、综合管理和社会公共服务等多领域应用，实现与相关平台（系统）对接或集成整合。CIM基础平台与其他系统的关系见图7-12。

（1）CIM基础平台宜对接智慧城市时空大数据云平台和国土空间基础信息平台，应对接或整合已有工程建设项目业务协同平台（即"多规合一"业务协同平台）功能，集成共享时空基础、规划管控、资源调查等相关信息资源。

（2）CIM基础平台应支撑城市建设、城市管理、城市运行、公共服务、城市体检、城市安全、住房、管线、交通、水务、规划、自然资源、工地管理、绿色建筑、社区管理、医疗卫生、应急指挥等领域的应用，应对接工程建设项目审批管理系统、一体化在线政务服务平台等系统，并支撑智慧城市其他应用的建设与运行。

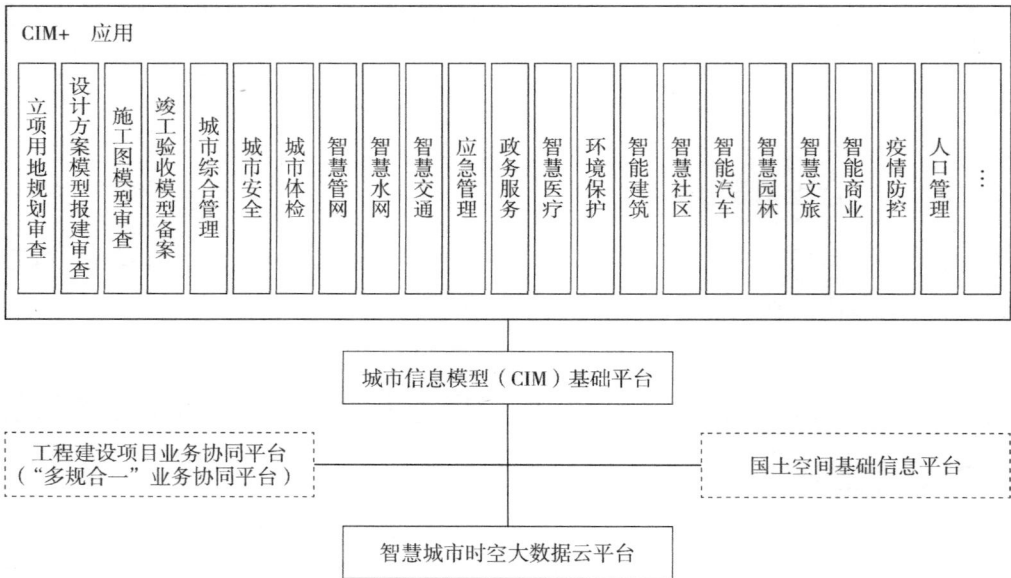

图7-12　CIM基础平台与其他系统的关系

7.7　建设模式

CIM基础平台的建设涉及国家、省、市、区等多级建设模式，各层级的平台建设模式侧重点各有不同，本节将围绕目前最常见的市级平台建设模式展开介绍。

城市级CIM基础平台建设要依靠行政组织力量，按照市级统筹共建、区县共用的原则，以"标配+特配"的方式推进市级CIM基础平台与区县级CIM应用平台的建设。各区县依托市级CIM基础平台，积极创新，建立更高标准、更多应用功能（特配）的区县级CIM应用平台。

然而城市级CIM基础平台的建设模式并非绝对，如上海市便以区为主进行建设。CIM基础平台支撑城市运行"一网统管"建设，更是体现了统筹推进和有机衔接的治理体系，即"1+3+7"：1个总体方案，3套制度规范，首批7个群众需求强烈、面广量大的民生类治理场景。但主要工作仍在市—区共建上。

无论是哪种建设模式，均强调突出显示度、感受度、集成度。

第8章　优化CIM协同机制

无论是智慧城市还是数字中国的建设都不是一蹴而就的过程，单纯的CIM平台的建设，抑或是相关标准政策的出台，都不能算作真正意义上的"激活数据要素潜能"，真正能实现"以数字化转型整体驱动生产方式、生活方式和治理方式变革"目标的，还是对最末端节点——个人的合理有效的管控。CIM平台的建设同样离不开与之相辅相成的机制的完善。只有做到标准和平台、数据和机制的内外兼修，才能将CIM平台建设起来，并服务于工作和生活的方方面面。

基于CIM的配套机制建设可以划分为三个方面：业务协同机制、数据协同机制、决策协同机制。

8.1　业务协同机制

搭建整合城市全生命周期多维、多尺度、多源异构数据的CIM平台，在规划、建设、管理等阶段可以将各参与主体产生的数据汇聚整合到CIM数据库，并传导到下一个阶段，同时CIM平台还可与工程建设项目业务协同平台等系统对接，协调实现项目储备机制、空间协调机制和部门协同机制；利用CIM基础平台具备的三维城市场景展示、模型对比、业务分析、仿真模拟等功能实现城市规划建设管理全生命周期各参与主体的数据共享与协同互动。

在规划阶段，整合导入城乡建设、土地、环境、水系、市政、交通、能源、通信、产业等规划数据，为辅助选址、规划条件的自动生成等提供信息化、自动化技术支撑。

在建设阶段，将工程项目从深化设计、建造施工到竣工交付全过程的项目进度、成本、质量、安全、绿色施工、劳务等信息整合接入到CIM数据库，实现实施主体、参与主体、政府监管主体的实时沟通与协同协作。

在管理阶段，结合城市现场布设的各种传感器和智能终端，可实现对城市基础设施、地下空间、能源系统、生态环境、道路交通等运行状况的实时监测和统一呈现，各部门可基于CIM数据库和实时监测数据进行模拟仿真、决策推演，为城市综合防灾部门协同、综合调度、快速响应、应急处置提供支撑。

8.2 数据协同机制

利用CIM数据库可在工程建设项目审批全过程无缝流转的能力，建立了基于CIM数据库的协同管控传导机制。以CIM数据库为载体，将审批要求贯通工程建设项目审批全生命周期各个环节，逐级传导，相关审批部门协同校核落实。可以更好地实现城市规划建设管理全过程的前后衔接、部门协同、信息互通，减少相关工作的内耗和内部阻滞，保证城市建设全生命周期的协调一致、高效运转。

8.3 决策协同机制

建立政府投资工程建设项目建设方案"联审决策"协同机制，搭建负责决策政府投资工程建设项目的建设方案的议事平台，形成了"项目策划—方案比选论证—联合评审—联审决策"工作流程，并通过CIM平台实现项目合规性审查、方案智能比选、在线协同会商、评审会议及专家管理、决策会议及专家管理等，辅助政府部门实行线上协同、线下决策，先进行规划符合性审查、限时征求部门意见，再以"联合评审决策"方式，稳定工程建设方案，提高部门沟通效率，缩短审批时间。

第四篇
CIM如何应用

　　CIM平台汇聚了地形、建筑、道路、交通、通信、管网等海量数据，涵盖了政府管理、企业信息、学校情况、家庭构成等方方面面的信息。其建成后将会涉及生产生活中各个领域的应用，对社会发展、民生改善等各个方面都将产生深远的积极影响。

第9章　CIM近景应用

作为未来智慧城市操作底座的CIM平台，尽管其相关建设成果最终会影响到我们周围的方方面面，但作为新兴技术，其不可避免的需要经历一个不断积累与完善的过程，并且初期阶段的建设效果对于未来能否有效发挥CIM平台的全部实力至关重要。因此，现阶段的应用重心应避免急功近利、好高骛远，而应着眼于夯实基础稳步推进，围绕CIM基础平台建设，实现数据横向汇聚，纵向打通工程建设审查审批的各个环节；同时利用模拟仿真能力，特别是规划控制单元（智慧社区，GeoDesign）范围的模拟仿真能力；初步完成国家–省–市三级平台的部署应用。既"一横一纵一重点"和"国家、省、市三级CIM基础平台体系"的应用近景目标。

9.1　横向汇聚管理

CIM平台是以BIM、GIS、IoT数据为核心，多源、多尺度、全空间融合，面向城市精细化管理的智慧城市动态全息底板。通过向住房和城乡建设、交通运输、应急管理、消防、城市管理、环境保护、公共安全、医疗卫生等部门有权限的用户进行空间服务发布，实现空间数据和相关属性信息的全面共享；利用开放的接口与现有相关业务系统无缝衔接构建CIM应用生态，实现地下、地表、地上的城市基础设施孪生体信息联动及管理协同，做到各部门间的信息交流和数据互动，作为城市管理决策的辅助手段，提高城市精细化治理水平。

CIM基础平台作为支撑城市规划、建设、管理、运行工作的基础性操作平台，是智慧城市基础性和关键性信息基础设施，同时也是CIM技术在城市大数据融合存储能力的集中体现形式，其应具备以下能力：

（1）数据编目：平台提供管理等待编辑的数据、正在编辑的数据和编辑后数据上传编目管理工具，以直观的方式反映数据的状态。

（2）三维电子地图浏览：平台提供单位地图任意比例尺缩放、任意方向漫游、全图显示、显示活动图层等基本功能。

（3）空间定位：平台提供依据地图要素属性查询地理位置的功能，通过输入关键字（街道名、单位名、小区名、楼栋号、房屋地址等），实现定位查询。

（4）空间查询统计：平台提供通过条件查询对用户选取的地图要素进行查询和

定位的功能，通过获取相关的属性信息，可以统计查找要素的字段信息。可以实现由图形查属性和由属性查图形两种查询方法。

（5）空间分析：平台提供日照分析、光污染分析、可视度分析、净高分析、视线分析、视域分析、标高核查等基本功能。针对活动图层的选择要素，通过设置缓冲距离和选定的缓冲图层，实现对点、线、多边形等几何形状地物的缓冲分析。用户根据点、线、多边形，给定缓冲距离和缓冲目标图层，可以在地图中以特殊颜色显示位于缓冲距离内的选定图层内的地物，用户可以依次查看缓冲要素的属性信息。

（6）实用工具：包括距离量算、尺度单位选择、添加图层数据、设置图层显示性质、设置地图提示等个性化设置工具。

9.2　纵向工程审批

9.2.1　在建筑设计方案审查中的应用

随着我国"加快建设创新型国家"的"科技强国""质量强国""数字中国""智慧社区"目标的提出，城市建设方向聚焦于智慧城市的建设。在建设智慧城市的过程中，社会对城市规划、建设和管理的要求也越来越高。

基于CIM基础平台推动BIM技术在"建筑设计方案审查、施工图审查、竣工验收备案"中的应用，通过完成一套计算机智能化审查工具、一套审查标准、一套办事指南、一个差异化管理制度，打通电子报批工具和业务审批系统之间的数据共享路径，实现工程项目技术审查工作由人工审批向计算机辅助审批转变，实现"人审变机审"的目标。

在建筑设计方案审查阶段，通过CIM平台实现三维电子报批，形成设计端、窗口端、审批端智能化报建工具集，建立差异化分类审批管理制度，初步实现建筑设计方案审查"机审辅助人审"。

在施工图审查阶段，通过CIM平台开展施工图三维数字化审查，就施工图中部分刚性指标实现计算机辅助审查，减少人工干预，实现快速机审与人工审查协同配合。

在竣工验收备案阶段，通过CIM平台实现施工图BIM的审查模型与竣工BIM的差异比对，自动将竣工验收资料（质量/安全等）与竣工BIM相关联，简单明了、方便快捷地展示审查结果，并智能化辅助出具联合验收报告（规划/土地/消防/人防/档案）。

通过CIM平台的应用，能够有效解决传统工程建设项目审批过程中人工审查任务重、专业性要求高、信息不对称、审核周期长等问题，大大减少人工一一比对的工作量，有效缩短审查时间，实现审核一致性、客观性、全面性及透明性，提高图纸审查、竣工验收备案的效率，推动工程建设项目审批改革从行政审批提效向计算机辅助审查提速的转变，助力城市工程建设管理的流程管控，深化工程建设项目审批制度改革。

9.2.2　在工程项目审批监管中的应用

利用CIM平台收集的工程项目审批数据，客观衡量各地工程建设项目审批优化度以及企业群众办事便利度，对工程建设项目全流程审批情况进行监督和管理，实时掌握项目审批情况，及时发现问题并进行处理。引导各地找出差距、精准施策，持续推进工程建设项目审批制度改革，转变政府职能，优化营商环境。

同时为了更好地支撑工程建设项目审批评价工作的开展，还可以基于CIM平台完善工程建设项目审批评价应用体系。此应用面向审批管理部门，主要包括数据采集、流转、处理、分析和结果发布等功能，通过"审批工作手续、时间、费用统计分析""审批工作质量统计分析""审批主体满意度统计分析"等手段，对过程、结果进行分析评估，实现对工程建设项目审批全过程的常态化效能督察。

9.3　国家、省、市三级CIM基础平台体系

利用CIM平台打通国家、省、市、区多层级建设运行管理服务的数据壁垒，构建其上至国家宏观管控，下至社区、园区监管的多层次、多种类综合数据体系。

通过不同层级CIM基础平台实现上级对下级CIM平台核心运行指标数据的接入、转换与管理。通过定义运行数据接入接口，实现运行数据的持续接入，将运行数据存储到不同层级的CIM基础平台中，并进行运行状况的展示和分析，从而最终形成运行状况数据汇聚、核心运行指标统计分析、CIM平台运行状况联动监测的整体。其中国家、省、市三级CIM基础平台应满足如下衔接关系（图9-1）。

国家、省、市三级CIM平台应与同级政务系统进行数据共享。国家、省、市三级CIM平台之间的衔接关系应包括监督指导、业务协同和数据共享。

（1）监督指导包括监测监督、通报发布和应急指导等。

（2）业务协同包括专项行动、重点任务落实和情况通报等。

（3）数据共享主要满足跨平台间的数据共享，包括时空基础、公共专题等类别的CIM数据资源体系。

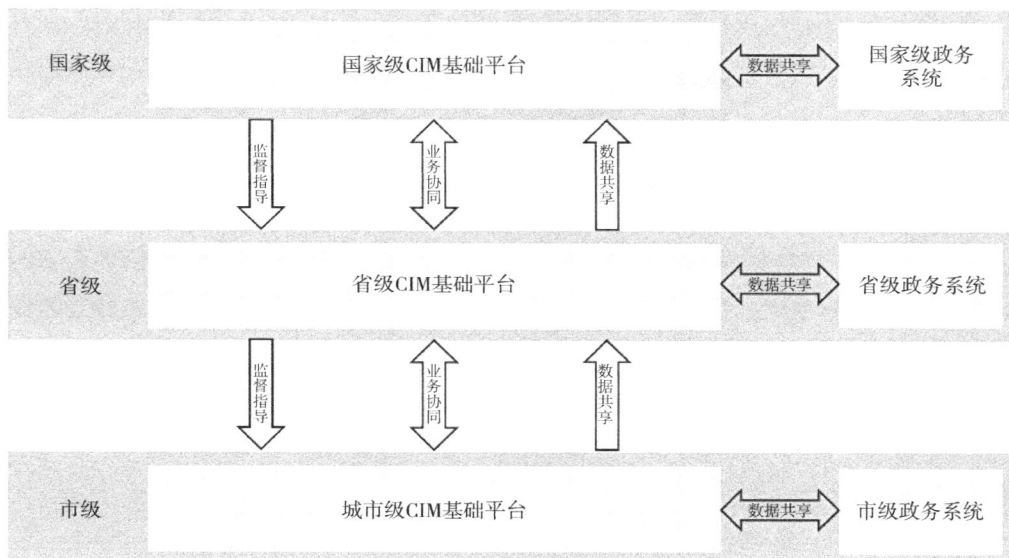

图9-1 国家、省、市三级CIM基础平台衔接关系

9.4 市政基础设施建设和改造

以CIM平台所承载的数据基础，结合供热、供水管网等信息数据，推动市政基础设施监管智慧化，支撑政府对市政运行状态的管理职能。

（1）供热管理：将城市供热行业各类档案信息融入CIM平台中，通过本身承载的城市地理信息，制定城市供热行业数据标准体系、数据质量体系和数据采集交换共享方案，以城市供热专题数据加工、城市供热行业数据治理服务等为手段，通过直接采集、企业主动上传或第三方代管的方式获取城市热源数据、换热站生产运行数据和用户室温数据，构建统一的城市级供热行业数据中心。

（2）城市供水管网漏损控制：基于CIM基础平台实现对供水管道及水量分布"一张网"监控。根据个别城市实际情况需求设立计量等级，推行"分区计量、分区控压、分区预警"管理模式，精准分析管网漏损。突出小区级管网管理，建立总分表匹配和分析机制，辅助管道漏损分析与指导检漏工作开展。

9.5 智慧城市与智能网联汽车建设

利用CIM平台，统一规划部署基础设施、研究融合技术应用、实现平台协同，实现智能化基础支撑下的智慧城市与智能网联汽车协同发展。

协调相关基础设施整合。升级改造智能信号机，部署RSU、视频检测器，提升道路智能化水平，为实现道路基础交通信息的精准服务做好基础保障；在重点道路事故多发路段部署毫米波雷达、雷视融合一体机、边缘计算、主动智慧发光标识等设备，实现交叉路口碰撞预警、匝道汇入预警、弱势交通参与者碰撞预警，有效降低交通事故数量，并同步信息至CIM平台，进行动态线上监管。

利用CIM平台协同发展。创建横跨公网、专网的大网络数据环境，搭建车联网大数据中心，服务于交管数据交互平台等，全面打通交管、车辆、出行服务等领域的横向信息交互，形成齐全、完备的交管信息接入体系。并逐步打通公交、出租车、网约车等重点车辆数据，实现监管单位的全区、全流程高自由度监管。

9.6 城市综合管理

建立基于CIM平台的城市综合管理应用，通过汇聚主要商场、街道、集贸市场、井盖、路灯等市政设施和供水、排水、燃气、热力等各类地下管线，叠加地上危险源、防护目标等，及时发现城市综合管理的各种问题，通过系统协调和调度相关的城市管理部门进行整改和维护。利用CIM技术实现管线周边地上地下信息三维实景化展示，同时基于CIM平台对各监控点的分布状况和视频的实时监控信息进行管理，以便在三维电子地图上直观地分析和查询城市综合管理的各种空间地理信息、属性信息以及照片、视频等信息，并自动生成各种统计分析图表；另外通过在城管车辆上加装GPS卫星定位系统，可以快速查询定位城管车辆所处的地理位置，以便指挥调度，为城市的综合管理提供先进的管理手段。

（1）城市管理：通过CIM平台对城市基础设施等进行全面的监控，城市管理领域基于CIM平台可以衍生出如地下城市空间定位、部件管理、案件管理、流动摊贩管理、违法建筑管理、环卫管理、户外广告管理等应用场景。

1）空间定位：包括位置定位、案件定位、社区定位、地名定位、网格定位、城市部件定位、城管人员的巡视范围定位。

2）部件管理：对每类城市部件进行位置查询、状态查询、属性查询、历史记录查询。

3）案件管理：将案件与地理信息相关联，对案件各环节的状态进行分类显示，对案件的处理结果进行统计分析。

4）流动摊贩管理：分析人流潮汐状态，为流动商贩提供"定时定点"服务机制创造可落地的条件。

5）违法建筑管理：与无人机采集监控数据同步更新，建立违章建筑专题图，强化信息分析统计功能，为执法人员快速提供违章建筑物详细属性；实现违章建筑监控报警功能，运用不同时期建筑信息、地理信息等数据的综合比对分析，总结违章建筑发生规律，对可能重复发生违规建设的区域进行预警。

6）环卫管理：垃圾分类点分布信息查询、垃圾处理设施（收集点、中转站/压缩站、焚烧厂/填埋场）分布信息查询、消纳场选址辅助规划。

7）户外广告管理：建筑设计阶段广告位信息预知、预判；户外广告位管理及敏感点位在线安全检测。

（2）城市风险评估：利用数据模型建立燃气泄漏进入地下相邻空间发生火灾爆炸、供水管网漏失爆管引发路面塌陷、桥梁结构受损坍塌引发城市交通瘫痪等重特大突发事件的次生衍生演化模型，率先构建了城市生命线安全监测服务的标准体系。

（3）城市预警系统：基于CIM平台联动城市安全中心，建设一个覆盖多个城市安全领域的城市生命线工程安全运行监测系统平台，对多类型基础设施实行整体安全监测。建设数据、监测等专项服务中心，实现对城市生命线工程数据的快速研判、分析结果快速推送、精准预警，第一时间将预警信息分级点对点推送到城市生命线运管企业、行业主管部门和市应急指挥中心，并同步推送到辖区政府，联动处置预警信息。

9.7　推进智慧社区建设

社区是社会的细胞，也是社会治理和服务的"最后一公里"，如何打通这"最后一公里"关系到国家治理体系和治理能力现代化的实现程度。以CIM尺度为标准，这一公里则是中间的一公里。

基于CIM平台着眼"让生活智慧化"目标，围绕小区内的道路、停车位、景观绿化、建筑立面、地下管线、雨污水分流、电力弱电上改下、活动空间优化等环境提档、基础设施和公共服务设施提升工程；同时引入未来社区理念，有机植入未来邻里、教育、健康、低碳、服务、治理等场景元素，打造和睦共治、绿色集约、智慧共享的新型城市功能单元和智慧家园。

通过CIM平台汇聚核心数据，伴随社区建设全过程，同步汇聚社区基底模型、方案申报模型、方案设计模型、设计BIM模型、施工BIM模型以及竣工BIM模型，打造社区级CIM平台。以CIM数据驱动全过程数字化应用，包括数字化规划、数字化设计、数字化征迁安置、数字化施工管理、智慧化运营管理等。同时通过视频监控、手机定位、社交软件关系分析、走访等技术手段，形成基于居民关系网络的大数据预警防控，提供公共空间、基础设施和公共设备的卫生管理方案与运行监管，全景式仿真居家隔离的个性化社区服务。基于CIM数据支撑未来社区建设动态评估督查，实现基于社区CIM平台的数字孪生社区建设。

9.8 城市综合管理服务平台建设

着力推进包括基础地理信息、建筑物模型和各类基础设施等城市治理各要素的"一图汇聚"。将BIM、GIS和IoT等多项技术统一集成，作为数字孪生城市建设的基础，探索形成以CIM为核心的涵盖城市规划、建设和运营管理全生命周期的应用平台和应用场景。围绕CIM平台探索推进应用体系、数据体系、运行规范体系和管理体制机制建设，打造特色应用场景，构建"上下贯通、左右衔接、协同联动、全市一体、高度集成"的城市运行管理服务平台体系。强化基础数据建设、整合共享相关部门数据资源、强化立体感知体系建设。构建全要素场景应用，推动城市"智能监管"。

以城市网格化管理信息系统为基础，加快推进城市"一网统管"。推进城市网格化管理，以上海为例，围绕"一屏观天下，一网管全城"的目标定位，按照"三级平台（市、区、街镇）、五级应用（市、区、街镇、网格、社区）"的基本架构，以"云数网端"为新基建基座（即统一的电子政务云、城运主题库、政务外网、移动终端），不断完善升级网格化管理信息系统，为城市运行"观全面、管到位、防有效"提供支撑，为基层"高效处置一件事"赋能助力。

9.9 智能建造与建筑工业化协同发展

以CIM平台建设为基础，系统推进智能建造与建筑工业化。要求围绕建筑业高质量发展，以数字化、智能化升级为动力，创新突破相关核心技术，加大智能建造在工程建设各环节的应用，提升工程质量安全、效益和品质。

基于CIM平台推动BIM施工图审查与BIM正向设计。形成"建设单位提交BIM模型+平台自动判断条文符合性+审查机构核查"的模式，将审查结果以图形、表格、图层等方式进行直观的可视化展现。

CIM平台能够对全市范围内的BIM模型进行统筹监管，在审查阶段把关装配式建筑的设计模型，从源头监管，注重过程把控，强调成果入库。促进形成装配式建筑建设、设计、施工、监理、检测审图以及部品部件等全链条产业形成。

利用CIM平台推动建筑用能监管体系不断完善，通过市、区两级建筑能耗监测深度融合及协同发展，深化能源检测颗粒度，进一步延伸服务类型。依托CIM平台提高建筑能耗监测水平，组织开展能耗统计、能源审计和能效公示等相关工作。

第10章　CIM远景应用

CIM平台的全局视野、精准映射、模拟仿真、虚实交互、智能干预等典型特性将加速推动城市治理和各行各业创新发展。尤其在城市治理领域，将形成若干全域视角的超级应用，如城市规划的空间分析和效果仿真、城市建设项目的交互设计与模拟施工、城市常态运行监测下的城市特征画像等。依托城市发展时空轨迹推演未来的演进趋势，洞察城市发展规律，支撑政府精准施策。城市交通流量和信号仿真使道路通行能力最大化，城市应急方案的仿真演练使应急预案更贴近实战等。

未来随着CIM平台建设的持续深入和不断完善，基于个体在数字空间的孪生体呈现将不再遥不可及，城市将开启个性化服务新时代。未来工作、生活的场景也将发生深刻改变，数据信息的高效协同将会深刻影响水利、交通、生态、消防、园林等各个领域，超级智能时代即将到来。

10.1　交通运输领域的应用

基于CIM平台可以实现征拆现状摸查、线位方案比选、实际效果可视化模拟等功能；同时支持接入各监控点的实时视频信号，使交通管理人员全面掌控交通路况，以便疏导交通，提高车辆进出效率，及时应对各种交通突发事件，尽早调度救援抢险力量快速到达现场，并通过多种渠道将交通信息发布给交通参与者。交通运输领域基于CIM平台可以衍生出如下应用场景：

（1）掘路管理应用：将项目施工期间保通道路及周边道路建成路网模型，对各节点车流绕行方案进行交通组织模拟分析，最大程度减少施工期间对市民出行的影响；掘路管理部门通过平台监控掘路工程实施过程中不同时间点的录像、图片，全面监控现场情况，避免出现施工单位超过规定占用道路面积或者随意拖延工期的现象，减少道路施工对交通运行效率的压力；提供与掘路施工有关的房屋产权信息查询、桥梁3D浏览及信息查询、地铁防护范围3D浏览及信息查询、地下空间/管网3D浏览及信息查询功能。

（2）路段监控应用：实现对全市范围内主要路段及物流园区各时段路况信息的分析和统计，从而为城市交通运输的调度、疏导工作提供依据；可以按照实时、日、周、月、季度、年进行路段分析，掌握城市各路段的交通特点，有针对性地制定交通易堵点的解决措施。

（3）养护管理应用：CIM平台中包含既有市政设施的三维实景、空间数据、市政设施属性数据，可实现市政设施基础信息综合管理的数字化、网络化和可视化，为市政道路养护管理提供全面的基础数据支撑和形象直观的管理手段。

（4）智能汽车应用：将智能网联汽车信息接入CIM平台进行全市数据的统一展示，并基于CIM平台推进道路设施智能化改造、开展自动代客泊车和智能停车场试验、布局智能汽车开放测试环境。

（5）交通运输可视化统计/分析/模拟：可以对客流、公交/出租车运营、充电桩/停车位占用进行可视化统计，支持对交通事故、违法违章、安全隐患进行可视化分析，同时也能够支撑对客运站等重要场所进行疏散模拟。

10.2　水利领域的应用

运用CIM平台聚焦城市排水防涝，通过对接智慧排水云服务、排水建模大数据分析、物联网智慧感知、互联网+河长制系统，提供排水管网检测、水雨情及工情实时感知与远程调度、河长制管理、防洪防汛、应急指挥、运行养护管理等服务，因地制宜采取"渗、滞、蓄、净、用、排"措施，全面实现缓解城市内涝、削减污染负荷、节约水资源、保护和改善生态环境的长效目标。

（1）智慧排水应用：改变之前"重工程、轻管理，重下游、轻源头，重建城区、轻城中村"的碎片化治水模式，找准"问题在水里，根子在岸上"的治理方向，聚焦系统、综合性治理，推动治水在控源上更加严格，在管理上更加精细，在治理路线上更加清晰。实现市、区、街镇、社会化管养单位多级的排水设施实时监测和智能管控，展示设施完整、拓扑清晰、位置准确的排水设施"一张图"；实现污水流向和雨水流向全过程可视化查询、追溯与分析，为处置污水溢流、暴雨内涝等应急事件提供有效支撑；支持公共排水设施、地下管网3D浏览及信息查询，为排水空间规划、设计、排水设施改造与接驳提供决策支持。

（2）智慧防洪防汛应用：通过数字智能化手段，融合各类排水信息资源，建立全方位、一体化的应急抢险指挥系统，迅速处置各类突发事件；为防洪防汛、清污提供防汛物资调度、洪水与闸门的指挥调度等决策支持；进行汛情、洪水等的分析计算，提供历史范例和经验，实现各级单位业务信息资源共享，形成一套科学的、智能化的管理体系；利用GPS定位拍照上传、视频监控、大数据处理技术，实现流域实时信息巡查上报，及时发现流域堤防存在的问题。

（3）河长制应用：以一张图为基础，集中展现区域范围内的河湖基本信息、流域分布、断面水质、视频监控、监管现状等数据，通过CIM平台实现应急调度、在线监控、统计分析等功能，以实现水资源保护、水污染防治、水环境改善、水生态修复；在接入远程实时监控等设施的基础上，结合城市水环境实际需求定制水环境实时监控指标，协助及时制定有效的污染防治对策和环境综合治理对策。

（4）海绵城市辅助规划应用：结合住房和城乡建设部"新城建"相关要求，统筹考虑海绵城市建设、黑臭水体治理、城市内涝治理、污水系统提质增效等治水重点工作要求和排水行业管理诉求，运用新一代信息技术推动排水管理手段、管理模式、管理理念创新，建立"全覆盖、全流程、精细化、可溯源"的排水管理体系，集成降雨—径流、流量演算、洪水预报、污染扩散、成潮预测、来水需水预测、水资源优化配置、管网水力等模型，可对城市排水管网系统的排水能力、暴雨洪涝风险、合流制溢流污染（CSOs）控制等多种应用场景进行科学的分析，并做出可信的评估和预测，为雨洪管理者提供及时、准确、科学的辅助决策依据。

10.3　环境保护领域的应用

CIM平台可以利用前端环境监测设备对现场环境进行监控，利用在线监测仪，实时监测城市大气质量、烟尘、尾气排放和水资源污染等，对监控数据实时采集、监测和管理，通过三维电子地图查询相关环保数据。环境保护领域基于CIM平台可以衍生出如下应用场景：

（1）大气监测：在三维电子地图上管理空气质量监测点（国控点10个，省市点42个），通过渲染效果直观浏览和查询各大气测点的日、月、季、年统计值；接入智慧工地环境监测数据和机动车污染排放监管数据。

（2）水域监测：在线浏览河流断面数据、河流水质必测项目数据、河流水质选测项目数据；汇总断面、水期处理河流监测数据必测项目，生成城市地面水质评价指标。

（3）环境噪声监测：通过三维电子地图直观展示区域环境噪声监测数据、噪声功能区定期监测数据、道路交通噪声监测数据以及城市暴露在各等效声级下的面积、人口分布情况、城市声源状况数据等。

（4）土壤监测：基于DEM的污染地块面积、分布管理/查询/远程监控。

（5）医疗垃圾监测：基于三维电子地图的医疗垃圾生产、转移和分布跟踪。

（6）其他监测：城市光污染、黑臭水体、危险化学品、放射源、周边水域、铅酸电池生产等监测及预警。

（7）污染源跟踪与专题图：实现由图查属性和由属性查图的污染源监测数据双

向查询，根据污染源企业的排污情况、危险化学品/固体废物（接入固体废物管理系统数据）/污泥存储情况、放射源分布情况、铅酸电池企业分布情况，制作专题地图，并支持在线监测预警。

（8）基于CIM平台实现环评审批由"人审向机器辅助审批"转变。

10.4　消防领域的应用

CIM平台通过引入现有的图像信息资源，包括辖区重点地区、主要交通道路、消防安全重点单位、重大火灾危险源以及高层建筑施工火灾高点图像监控采集点等图像信息，将城市消防监控和三维电子地图进行巧妙结合，对重要消防保护单位进行监视监控。另外基于地理信息系统直观展现各监控点的地理分布状况，同时对视频的实时监控图像进行全面管理，以便在三维电子地图上直观地分析和查询城市消防管理的各种空间地理信息、属性信息以及照片、视频等信息，并自动生成各种统计分析图表，为城市的消防管理提供先进的手段。消防领域基于CIM平台可以衍生出如下应用场景：

（1）消防监测预警：基于多源大数据技术的智能报警研判，保证消防设施完好率。实现建筑信息或消防设施实时监测及可视化管理。通过建筑信息和消防设施可视化呈现、报警实时可视化呈现、视频联动、安全隐患智能预警等，降低漏报和误报的概率。

（2）火警定位分析：根据视频监控图像信息，以现场为中心，自动显示出地图（自动调整地图缩放倍数），并以案发点为中心，自动查询案发点最近范围内的消防栓、消防中队、水源、比邻单位等信息。

（3）消防救援空间分析：管理消防审批结果、验收模型、设施维护情况，并基于CIM平台进行消防方案模拟展示。

（4）消防救援辅助决策：通过对起火对象、火灾类型、火势、消防设施、水源分布的了解，结合历史档案库、专家库等，实时编制多种联合出动方案供指挥小组选择。方案中包括消防车的最佳行进路线、可用水源和化学灭火剂、冲区分析、叠置分析等信息，为消防指挥工作提供辅助决策支持。

（5）消防应急指挥：智能评估模拟与可视化多角度视觉呈现技术，基于实时灾情特性数据联动指挥，灵活调动各职能部门力量。模型化模拟火灾发展可视化显示，火焰分布可视化呈现；火势、温度场发展情况模拟分析；烟气分布与模拟；室内人员定位、智能逃生疏散指挥，消防员火场定位与实时监控（wifi mesh自组网通信技术+视频传输技术+可穿戴人体监测技术）；基于智能探测与通信技术的室内人员位置分布；根据火情发展与模拟，针对不同区域人群，制定最优逃生路线；消防警力部署、调派指挥；各职能部门联动指挥配合。

（6）消防可视化专题应用：楼宇消防、逃生疏散专题应用（如快速生成超高层建筑的逃生路线/搜救路线/消防点位分布图）；方便快捷地统计输出某一火灾处理结果；任选时间段、任意消防队人员装备情况分析统计报表；城市重点单位消防信息统计报表；车辆战备情况分析统计。

10.5 林业园林领域的应用

CIM平台通过空间信息技术和可视化技术的集成应用，统一展示辖区内林业园林生态资源的分布现状，对林业园林要素和事件进行智能化识别、管理、跟踪和分析，形成辅助规划、全面管理、自动预警、量化评估的智慧园林管理体系，利用数据搜索和数据挖掘技术，进一步实现园林绿化专题的指标计算、综合评价等功能；同时支持向公众提供园林科普、认建认养、过敏源预警信息提示、健康步行绿道推荐等个性化服务。衍生出如下应用场景：

（1）辅助规划：指标展示，计算绿地服务半径、绿地率、城市绿化覆盖率、人均公共绿地、城市道路绿地达标率等指标；选址分析，包括新建公园（公共绿地）模拟选址分析、公园入口点分析、拆迁分析，可达性分析、工程前后对比分析等功能。

（2）公园风景区管理：支持各类公园风景区的3D展示及属性/关联信息的统计查询；支持各类公园风景区人流量（人员出入）、停车位（车辆出入）的监控；支持公园风景区森林防火监控、违章建筑监控。

（3）城市绿地管理：支持各类绿地（公园绿地、生产绿地、防护绿地、附属绿地、其他绿地）在三维电子地图上的展示及属性/关联信息的统计查询。

（4）古树名木管理：通过技术手段建模全面还原古树名木全貌，对古树名木生长进行监测及预报，可视化展示古树名木的生长曲线和管理档案。

（5）其他可视化应用：支持林地、景观树、行道树3D展示及属性信息的统计查询。

（6）病虫害预警与防治：根据病虫害发生/发展特点，通过收集、整理监测数据并建模分析，形成病虫害专题图；根据病虫害专题图对当前病虫害发生、发展进行有效、科学的预测，做好相应预控措施；根据病虫害专题图对来年的病虫害防治决策提供数据支持，及早进行预防，有效减少病虫害的发生。

（7）应急抢险管理：对于山火应急抢险，平台需要具备三维推演、火险等级区划、应急物资调配等功能；对于城市道路树木倒伏，需跟踪应急抢险处理情况，展示险情发生的时间、地点，树木的品种、数量，发生地所属的养护标段，抢险处理的时间和完成情况，包括抢险前后的对比照片等信息；基于应急抢险的数据，通过一定时期内的抢险事件汇总分析，可判断某个区域、某些品种在特定条件下，存在较大的起火、倒伏、断枝等安全隐患，据此可以适当对该区域、该品种进行针对性的提前防御措施。

（8）自动预警：通过CIM平台对绿线范围内的绿地进行有效监控，确保其被侵占时可以自动预警。

（9）量化评估：通过设置公园的服务半径，进行建成区内所有公园的服务半径覆盖分析，并计算覆盖区域内各种类型土地的绿化覆盖率，从而对公园的服务效率进行评价，对未来新建选址提供参考依据。

对城市建成区各类用地的绿化覆盖情况进行统计分析，计算公园绿地、居住区绿地、单位绿地、道路绿地、防护绿地、生产绿地、其他用地、农田、水体、风景林地等的面积、绿化覆盖面积及绿化覆盖率，可以从宏观层面了解城市建成区绿化覆盖整体水平。分析结果信息包括图层图斑面积、绿化面积及绿化率。

10.6　应急管理领域的应用

CIM平台可为城市应急管理提供预案、监测、预警、处置、跟踪、分析、追溯等起到数字底板支撑作用的服务。应急管理领域基于CIM平台可以衍生出如下应用场景：

（1）模拟预案：人员模拟疏散预案，基于飞机场、火车站、大型场馆的CIM进行人员大规模疏散演练，通过人流密度和人流路径模拟进行限流、分流，从源头上着手防范突发情况下的重大风险；危化品爆炸模拟预案。

（2）重大风险源监测：基于CIM形成城市风险"一张图"，对工程建设区域、地质隐患点或大型建筑以及基础设施等的重大风险源进行实时监控及监测预警。

（3）异常预警：通过对重点区域的人流密度和环境状况进行自动监测，实现异常识别和预警。

（4）应急处置：城市内涝应急处置，根据气象预报或实时降雨情况，CIM基于厂站网基础数据，利用水动力学分析模型生成城市内涝应急处置方案；应急处置时可以准确获取事件发生地的环境要素（建筑物结构及附着的相关单位、设施及人员信息），并根据应急事件的性质与等级自动梳理出易受影响的周边敏感设施。

（5）应急疏散场所开放及应急资源调配情况跟踪：基于CIM对应急疏散场所和

应急资源进行统筹管理，满足紧急情况下应急场所及时向市民开启、应急资源快速调配到位的目标，将紧急事件的影响降到最低。

（6）可视化数据分析和追溯：基于CIM平台结合视频监控，还原突发事件产生与处置过程，有助于问题分析和辅助判断；地下空间数据3D浏览及信息查询、应急避难场所3D浏览及信息查询。

10.7　商务领域的应用

结合各地招商引资业务需求，打破传统招商方式，实现"云上招商"，意向投资通过CIM平台了解实情实景；进一步优化招商审核流程，开发并完善招商项目管理、招商决策管理、招商统计等功能，招商意向初步确定后，利用CIM平台可以快速为意向投资商选址落地，并支持全生命周期的工程建设服务，优化招商成效及后续服务满意度。

通过三维模型展示招商成果，实现对新增企业、活跃企业、渠道分析、行业分析等招商数据信息的分析与可视化展示，帮助招商人员实时调整招商策略，提高招商质量。同时，收集、分析招商过程中遇到的各类问题，建立可视化的招商知识库，为招商办及相关部门及时发现问题、查找症结、解决问题，以及维护企业关系提供参考依据。

10.8　教育领域的应用

CIM平台将教育作为一项城市公共服务来考虑，关注点在于教育服务是否能够惠民和便民，关注的内容主要包括教育领域涉及的学习环境、学习资源、管理服务、系统建设和市民学习这五个维度，既要考虑CIM平台建设以人为本的要求，也要考虑技术对城市教育发展的促进作用。教育领域基于CIM平台可以衍生出如下应用场景：

（1）教育资源空间分布分析：教育资源辅助规划选址、中小学幼儿园教育资源空间布局、均衡性分析与可达性分析等。

（2）可视化数据信息关联：支持各类大中小学及幼儿园的3D展示及属性信息/关联信息的统计查询功能；展示各类大中小学及幼儿园产权信息、资产状况、办学条件、在校教师信息、在校学生信息、生均占地面积、生均活动面积等信息；展示学生来源、学生去向、教师流动等信息。

（3）"教育成熟度"评价：学习环境连通性评价（如查看学校接入宽带网比例、

学校建立数字校园比例、学校多媒体教室普及率、学生家庭接入宽带网比例、社会教育场域（科图文博场馆及社区）接入宽带网比例、市民拥有网络学习账户的比例、学校数字学习资源丰富度等、学习服务丰富性评价（如查看家庭教育相关数字学习服务丰富度、单位为在职人员提供数字学习服务的比率、社区提供的数字学习服务丰富度、城市公共图书馆的图书藏量（含数字图书）（册/城市人口）、科普文博场馆提供体验式学习服务的容量（接待人次/城市人口）。

（4）教育管理信息化支撑：基础数据库建设情况查看（如建立与管理级别适应、上下级融通的教育信息数据中心）、决策支持（基于数据分析，为相应级别的教育决策提供依据）、业务管理（提供与管理级别相适应的日常业务信息化管理（包括核心业务、通用业务与特色业务）、监管监测（提供与管理级别相适应的教育状态数据采集与分析功能）、评估服务（依据采集的数据，提供与管理级别相适应的专项评估分析报告）、公共服务（提供教育惠民信息发布、民意沟通反馈快捷门户）。

（5）人口素质竞争力可视化查看：查看不同地区地域受高等教育人口比例、人均教育文化支出分析、人均阅读图书数量查看、人均GDP（万元/人）查看、科技专利申请情况和在高科技企业就业人口比率查看等。

10.9　公共安全领域的应用

CIM平台可将三维地理信息和公安视频监控系统进行巧妙结合，对图像监控点的空间地理分布状况进行全面管理，实现基于三维电子地图查询调阅图像监控信息的目的。CIM平台还有助于建设一个实时的、直接指挥到路面的指挥机制，以提高公安队伍的快速反应能力，加强对社会基本面的控制，提高治安整体防控水平，拓展信息渠道，提高破案效率。公共安全领域基于CIM平台可以衍生出如下应用场景：

（1）基于三维电子地图的地址标准化应用。

（2）案件空间定位：可通过地名、建筑名、单位名、道路名、社区名等进行案发点的自动定位，使警务数据在三维电子地图中得到可视化、空间化和地理信息化方面的充分展示。

（3）出警可视化展示：根据视频监控图像信息，以现场为中心，自动显示出三维地图（自动调整地图缩放倍数），并以案发点为中心，自动查询案发点所在地的派出所警力情况及辖区、街道、社区的名称等信息。

（4）警情标准化应用（三维专题图制作）：实现对各区域接警地图街路巷图层

的多变量渲染，基于三维地理信息显示在某一时段内，指定街、路、巷、地、物、人等对象的案件统计及筛选（根据案件性质）；实现对全市作战沙盘按行政区划为单位的范围专题渲染，以显示案件高发区域（可以详细到楼栋、楼层或具体房屋），及时开展各种针对性集中整治活动；在各区域接警地图中设置街面巡警点图层为动态图层，根据发案情况，由指挥中心指挥员调整巡警点部署；接入手机定位，监测重点人员和民警的定位及分布情况。

（5）人口统计分析：在三维电子地图上通过选取某个区域（社区或楼栋）来获取各类人员的统计信息（如户籍/常住/流动/外籍人口的数量及分布等），并制作相应的人口分布专题图。

（6）应急处置时，可以准确获取事件发生地的环境要素（建筑物结构及附着的相关单位、设施及人员信息），并根据应急事件的性质与等级，自动梳理出易受影响的周边敏感设施。

（7）基于三维电子地图了解周边环境、建筑物结构、交通通行能力等信息，辅助进行大型活动审批；了解工程建设项目状态（标注已审批未开建、在建项目等信息），以支持交通疏导预案、治安防控预案等工作。

10.10 工业和信息化领域的应用

通过CIM平台可以更直观、清晰地监测并分析工业、信息化领域的运行态势，基于城市地上/地下相结合的3D模型，可以辅助信息网络基础设施规划编制，支持形成若干维度的专题图，以对日常管理及分析决策工作进行支撑。城市管理领域基于CIM平台可以衍生出如下应用场景：

（1）监测分析工业、信息化领域运行态势：基于城市3D模型的区域/街道/产业园/写字楼/企业生产数据、税收可视化统计与分析。

（2）信息网络基础设施规划建设：基于城市3D模型辅助编制信息网络基础设施建设规划，支持通信管线、站点、公共通信网3D展示及属性信息的统计查询功能。

（3）无线电频谱资源管理：建立无线电台（站）专题图，并支持电磁干扰点的标记及监控；支持无线电台（站）3D展示及属性信息的统计查询。

（4）其他可视化应用：建立企业技术改造、技术创新投资项目专题图；建立工业、信息产业园、大型骨干企业专题图；建立电力、煤炭、成品油供应专题图；建立民用爆炸物品生产、销售专题图；基于城市3D模型直观展示建筑总体能耗、建筑内部主要用能设备的运行状态及能源消耗情况、每间房间的用电量/用水量/用气量等情况；基于城市3D模型的加油站点分布查询与统计分析；基于城市3D模型的充电设施分布及运营商信息查询分析。

10.11　在公共卫生领域的应用

现代化公共卫生管理对信息的需求、依赖程度越来越高，但作为全民健康的重要组成部分，公共卫生信息化还存在数据多方、重复采集、与医疗机构缺少业务协同、信息孤岛等问题。CIM平台与公共卫生领域相结合，有助于建立健全公共卫生防治体系，实现传染病防治、症状监测预警和应急指挥。公共卫生领域基于CIM平台可以衍生出如下应用场景：

（1）医疗卫生资源辅助规划选址：医疗卫生资源空间布局、均衡性分析与可达性分析。

（2）支持各类医疗卫生机构的3D展示及属性信息（医生数量、护士数量、床位数量、重点科室/实验室）/关联信息（动态病人数、医保结算等）的统计查询。

（3）疾病监测预警处置：建立疾病监测预警专题图，实现传染病、慢性病、精神疾病监测以及人口死亡信息、从业人员健康状况管理。

（4）健康危害因素监测：围绕与人健康相关的公共卫生数据，建立健康危害因素监测专题图，实现与人健康相关的食品、水、环境等因素的动态监测。

（5）公共卫生应急指挥决策支持：依据国家、省相关公共卫生应急指挥决策支持标准规范，秉承"平战结合"的建设理念：平时对全市实时监控和预警，发生突发公共卫生事件时迅速进入紧急状态，实现公共卫生事件的可视化应急指挥。

10.12　文化旅游领域的应用

将CIM平台与旅游大数据相结合，不仅可以直观地为政府/行业提供更完整、更实时的数据支持，了解各个旅游景点的动态情况，提升政府监管能力，还可以为行业/企业提供有商业价值的数据支持，包括对旅游人数的预警提示及部分倾向旅游用户的配套服务，如就餐服务、购物服务等，将传统事后统计分析的情况提升为实时反映，提升城市旅游服务水平和管控能力。文化旅游领域基于CIM平台可以衍生出如下应用场景：

（1）基于位置的分析（LBS）：利用电信运营商的基站信息或社交app的位置数据，实时分析景区的当前用户人数，通过对用户来源地等相关情况做进一步分析，反推旅游景点的用户总数。

（2）基本分析功能：各个旅游景区实时入园人数总数统计；各个旅游景区实时在园人数统计；各个旅游景区实时旅游用户总数统计；各个旅游景区热度排名；各区/镇街旅游热度排名；旅游路线归类；旅游线路比较。

（3）增强分析功能：各个景区流量预判分析；旅游景区交通流量分析；旅游用户用餐偏好分析；旅游用户住宿偏好分析。

第五篇
CIM的思考与展望

CIM技术在我国尚处于萌芽阶段，相较于已经发展多年的BIM技术，对于CIM技术的认识还处于非常浅显的探索阶段，CIM产业尚未形成规模。CIM技术的发展将促进城市管理模式的变革与创新。CIM平台、CIM的应用、CIM与BIM、GIS、IoT、大数据、人工智能等技术的集成应用，将改变城市管理的模式，也必将带来CIM产业的新兴和发展。

CIM、智慧城市、数字孪生城市的建设，为智慧城市相关产业提供了一次重新洗牌的机会。以互联网企业、电信运营商、设备制造商、系统集成商、软件开发商为代表的传统阵营，正以各种方式向数字孪生城市的建设方向加速转型。新进入的企业，尤其是掌握CIM和全要素场景服务关键技术的企业，技术实力和业务市场也在快速提升中。在CIM数字孪生城市建设中，有望催生一批独角兽企业。

本篇将提出目前CIM技术应用遇到的挑战以及不足之处，通过分析其内外部因素，提出具体的规划及建议，最后对CIM技术的应用趋势作出展望。

第11章　不足与挑战

截至2021年，广州和南京等城市相继完成了CIM平台的验收工作，多个委办局、多条线围绕着智慧城市建设已经开发了若干信息化管理系统或平台，并且进行了一定程度的市级层面系统集成，标志着以地理信息+空间信息为基本载体的智慧城市基础CIM平台体系已经初步建立。然而，目前在高科技信息技术方面，我国对外依存度依然很高，多数核心技术仍掌握在跨国公司手中。只有加强关键领域技术的自主研发和集成创新，才有可能建设自主可控的CIM平台，进而打造智慧之城。但是无论技术国产化还是系统集成问题，都只是CIM作为新技术所遇到的问题的冰山一角，本章将从标准、技术、数据、应用、社会认知、政策导向、保障措施、人才支撑等多个角度出发，简述CIM建设过程中遇到的不足与挑战。

11.1　标准缺失

虽然国家层面有《城市信息模型（CIM）基础平台技术导则》这样的指引性导则出台，但CIM平台应用过程中涉及数据格式、数据交换、模型构建、BIM导入、BIM轻量化、信息安全等方面的标准，目前仍有缺失，这对CIM平台作为智慧城市基础操作系统的可推广性、可复制性、可拓展性造成了很大的阻碍，亟须完善和解决。其中，IFC交付标准（MVD）的缺失，使得为CIM基础平台建设提供BIM模型数据缺少了重要标准，因此这是目前最为急迫的问题。这方面标准的编制研究，可以学习新加坡等的经验。

11.2　技术局限

综合而言，国内CIM产业链的发展远未成熟，信息技术应用创新产业任重道远如在底层芯片国产化、BIM 平台国产化、底层 CAD 软件、海量数据的存储等软、硬件方面依然具有一定的技术缺失。

软件方面，虽然实现了对海量模型数据的有效展示，但如何将高逼真的显示效果与多样化的分析模拟功能相融合，以及如何实现轻量但高效的数据加载等技术问题仍需要不断地探索开发。

硬件方面，主机的承载能力、服务器的稳定性尚不能真正支撑城市级甚至省级乃至更大范围的全量大数据同时流转，而且作为涵盖了如此全面信息数据的系统，其硬件方面国产化的必要性不言而喻。

其他方面，如在基础云计算、数据存储分析中心、IoT、人工智能等领域缺少足够成熟的支撑企业；BIM基础软件集成及垂直应用型较多，缺少数据中台平台类企业；CIM相关的行业企业主要集中于智慧建设、智慧交通领域，在智慧城市管理服务、安全、生态环境、医疗等领域，缺少相应的承载类企业等问题，均阻碍着CIM的发展。

11.3　数据安全

数据作为CIM平台建设的核心要素，结合CIM平台作为智慧城市操作底座的定位，其海量数据的接入与应用不可避免的要涉及"数据涉密"和"数据安全"这两大问题。

无论是CIM平台还是其他大数据应用相关的信息化建设，数据涉密都是不可避免的问题。城市内各种信息模型的共享受制于保密政策，更有条块分割式管理和知识产权保护等问题，面临着很大的阻碍。共享一位优秀建筑大师作品的建筑信息模型，应该如何保障其知识产权不被侵犯？现有政策下地下管线数据可能涉密，无法实现全要素信息模型的入库，有些地标建筑业主不愿意共享等因素，都导致目前CIM平台往往在示范区或重点区域试用，距离真正反映城市现状的建筑物内外部一体化、地上地下一体化的信息模型目标还有很长的距离。

数据安全关于在解决了数据收集问题后下一步如何安全的应用。目前通过强化数据安全保障机制，建立完备的信息安全和数据保密管理体系，鼓励运用数据脱密脱敏技术加强数据共享利用，鼓励采用自主可控的海量数据存储技术、数据安全产品。探索应用区块链（联盟链）技术等手段可以在不同程度上提高数据安全，数据安全问题也许永远没有一个最终答案，而是一个需要不断完善、不断进步的过程，需要持续关注并保证智慧城建数据归集的一致性、不可篡改性、责任归属。

11.4　应用尚浅

现阶段城建领域信息化建设条块分割的状况仍比较突出，CIM的"城市操作系统"基础性作用未得到有效落实，缺乏有影响力的智慧城建标杆应用领域。在应用的深度方面，大部分城市的CIM平台仍停留在白模阶段，远未达到BIM模型的空间表达能力及数据丰富水平，这对于真正实现一个"会呼吸、会生长"的数字孪生世界还有不小的距离；而当前最大的障碍之一是BIM正向设计比率偏低，导致进入CIM平台的数据无法确保与报建图纸一致，这需要进一步提高BIM应用的普及度以进行支撑；城市三维空间数据底板尚未建成，远未达到真正反映城市现状的建筑物内外部一体化、地上地下一体化信息模型的目标，作为智慧城市操作系统离广泛实用还要跨越很多障碍。在基础尚不坚实稳固的条件下，难以实现国家在《住房和城乡建设部等七部委关于加快推进新型城市基础设施建设的意见》所指出的城市体检、城市安全、智能建造、智慧市政、智慧社区、城市综合管理服务、政务服务、公共卫生、智慧交通等领域的应用目标。

11.5　认知度低

当前无论是政府机构还是企业，对CIM的概念和与之相关的发展理念思路等均了解不深。而CIM平台的建设应以"大会战"方式，从上到下以项目共建方式推进。了解程度的限制导致了缺乏"数字城市地理空间框架建设"，同时也会导致CIM平台建设推进时可能出现一定程度政府配合机制上的障碍，表现为对于CIM 发展的定义、计划、协调机制等文件的执行效率和力度不足，不同委办局对CIM有不同的理解及定位，CIM应用的必要性、时效性未得到充分的重视，未有效地纳入相应的行动方案，推进基于CIM的智慧应用缺乏资金预算，缺少人力、人才及技术支持，在一定程度上影响试点 CIM建设的推进进度和建设发展的路径，试点发展不及预期。

随着技术和相关领域的不断成熟，其认知程度的问题会由政府逐步向社会各领域推开，该问题将会伴随着CIM相关建设和发展不断减弱，但会长期存在。

11.6　政策依赖

不难发现，无论是作为全国CIM试点城市的广州、南京、雄安等，还是由"一网统管"打响名号的上海、深圳等城市，其背后的推进主力仍然是政策导向，一方面这有力地推动了新技术在现有环境下的应用与尝试，但另一方面其强依赖性也造成了一种问题的出现，即在部分没有相关政策支持下的细节领域中，其配合工作会变得异常艰难，以下信息孤岛和信息融合的问题一定程度上与政策支持直接相关。

由于鲜有各部门信息融合打通类的文件出台，各类信息化系统之间缺乏融合，信息孤岛现象比较严重；同时，在各信息系统的模块之间，不同部门甚至同一部门中会存在功能重复建设的现象，很多市区级行政单位缺乏顶层设计的战略统筹规划。

同样，由于每个部门的细化业务较为繁琐，多部门业务的超大信息管理量与资源整合共享程度低，信息融合度不足是当前不可避免的主要问题。各业务部门未能充分发挥协同效应的同时，又没有相关协同机制的辅佐引导，业务办理的方式以线性逻辑为主，无法充分利用信息化环境下数据流动的即时性和便捷性，产生网络化、矩阵化的业务办理思路。

11.7　保障不足

作为构成CIM平台基础要素的BIM，面临着国内市场秩序不规范、建筑市场竞争激烈、建设项目地点分散/多专业/多干系方/流动性强、转包挂靠普遍存在、以施工总承包为主（业主/设计/施工/运维缺乏有效集成）没有形成设计施工一体化、合同中缺少BIM技术激励条款等情况，导致BIM技术应用存在成熟度较低、制约因素较多的问题，而BIM行业的发展与CIM的建设息息相关。

政府或企业作为CIM/BIM生产和维护主体，还面临着采用新模式投入成本高、收益不确定、回报周期长、法律责任界限不明、缺少能指导技术实施的专家等一系列问题，这时是否能存在一套从行业管理的角度出发建立、健全的保障机制，为CIM/BIM应用创造一个良好的社会舆论氛围和应有的保障托底机制，显得尤为重要。

11.8　人才匮乏

推动城市的精准感知，实现城市万物互联，需要各类技术管理者和各类懂信息管理、建设管理的专业技术人才。尽管诸如广州、深圳、上海等市各类信息化基础设施建设较为完善，但新技术的应用程度仍然不够高、不够专业、不够创新，具备专业建设工程知识的信息化专业技术人才缺乏；而CIM平台建成后的运维人员仍然由各地建设企业负责，这类人员虽对于系统平台驾轻就熟，但又对政府内部的机制流转不甚熟悉。这也一定程度导致未能充分挖掘数据的附加价值，无法产生大数据的增值效应。

第12章　规划与建议

立足于当前CIM平台建设过程中的不足以及未来面对的一系列挑战，从规划和建设的角度提出CIM后续发展建设的主攻方向和具体策略，从而推动CIM平台的标准化和特色化发展，为城市治理和管理提供切实好用的操作系统。

12.1　统一完善CIM的行业标准体系

在充分了解行业需求的基础上，联合相关部门和科研单位，编制城市CIM平台的数据类、平台类和技术类等相关标准规范，重点研发BIM的IFC交付标准（MVD），同时以住房和城乡建设部印发的《城市信息模型（CIM）基础平台技术导则》为抓手，充分总结广州、南京等试点城市经验，征求各建设单位的意见，深化CIM行业的标准体系统一建设，降低部门统筹的门槛，以实现平台数据自更新、城市自生长，支撑平台落地及推广。

12.2　加大核心技术研发，实现技术的自主可控

21世纪是科技创新的密集活跃期，新一轮的科技革命和产业变革将引领全球经济结构的重塑。面对数字化、网络化、智能化融合发展的时代契机，培育新动能，发展战略性新兴产业集群，推进大数据、人工智能等同实体经济深度融合，实现关键核心技术的自主可控，已经成为我国产业迈向全球价值链中高端的必然之选。因此，尽快掌握智慧城市所涉及的标准体系和核心技术，加快国产引擎的研发与投放，加强城市数字化建模呈现与规建指标分析的能力等关键技术领域的自主研发，将持续发展与提高国产技术研发能力，以及相关技术集成创新能力，建设自主可控的智慧城市。

12.3　构建一体化的数据安全保障体系，依法保障数据安全

为保障政务数据的安全流转，需要构建一体化的数据安全保障体系。依据信息安全相关法律法规和标准规范，从CIM数据的采集、传输、存储、计算、共享、销

毁全生命周期对政务数据进行规范化安全管理。此外，要会同相关部门建立可落地的数据安全防护标准，指导各地方各部门建设好各自的数据安全保障体系，并联合相关部门针对数据共享与数据安全建立相应法规。最后，通过完善安全保障联动工作机制，保证CIM平台在事前、事中、事后从互联网、各部门网站对CIM平台进行全面的防护。

12.4　统一CIM的定义，拓展CIM的应用场景

目前国内和国外对于CIM的理解存在较大的差异，而且国内不同的行业、不同的从业人员对于CIM的理解也千差万别。CIM目前的发展缺乏统一的定义和认知，因而在实际操作阶段就会存在各种各样的CIM产品和应用，这对于CIM下一步的推广存在较大的弊端。因此，尽快通过政府顶层或行业协会统一CIM的定义便成为了当务之急。

推动CIM+智慧应用，加速推动城市治理和各行业领域应用创新发展，包括住房和城乡建设、水务、交通运输、应急管理、消防、城市管理、工业信息化、环境保护、公共安全、教育、林业园林、公共卫生、文化旅游以及商务等各行业和领域，带动自主可控技术应用和相关产业发展，逐步实现超大城市级CIM平台与国家级、省级CIM平台的互联互通，逐步建成统一的、依行政区域和管理职责分层分级的CIM平台，全面提升各地城市科学化、精细化、智能化治理水平。

12.5　强化行业顶层设计，创新体制机制

CIM行业发展目前主要由住房和城乡建设部牵头推进，但在推进过程中基层存在各个部门之间的数据共享较难等问题，因而各级地方政府层面及中央政府层面需建立跨部门的统一联合协调机制或委员会，统一进行CIM发展的部署推进，彻底解决各个部门之间数据孤岛、共享机制缺失等问题。CIM行业的发展需要顶层的规划建设设计文件，明确推进的时间节点、成熟度要求、牵头负责单位、推进的主要原则及方向等战略性问题，避免地方建设的盲目性。加强政策引导和扶持力度，这是系统性工程，因此做好顶层设计尤为重要。数字设计、数字建造、数字审批、数字城市等方面应加强政策、法规方面的引导，倡导行业自律，保障数字化持续健康发展。创建和保护良性的竞争环境，完善和实施BIM－CIM认证体系，促进数字化产业成长。

制定政府需求和指导性的白皮书，如定义出典型的应用场景作为基线、基于各

地具体需求扩展自身的场景，如一张图、联合审图、工改等；明确软硬件平台对国产化的要求，比如在硬件平台、云平台、数据库、CIM软件平台最核心的部件上国产化的要求；明确在初期阶段CIM建设的责任主体，如建议住房和城乡建设部门作为第一责任主体。要求各省、市做顶层设计的规划，定期上交；制定规划任务书，明确预期效果和验收标准，向财政申请经费；下发实施指南，建议参考架构，具体化实施路径，统一上下标准。政策要稍微强管理化，连续发文督促。另外，要坚持和完善部市区县合作推进机制，需采取项目规划先行、制定推进工作方案、加强组织领导、建立信息交流机制、加快立法工作等对策。力争区域发展战略升级、开展重大计划和项目合作、共同搭建有效合作平台以及积极探索合作新模式。采取部、市、区、县共建示范试验区模式、联合行动模式、加强沟通模式等。

12.6　加强人才队伍培养，优化产业生态圈

新型智慧城市发展的源动力来自关键核心技术，通过充分利用现有和潜在优势，实现产学研结合、科技与经济结合、创新驱动与产业发展相结合，有效推动产业结构合理化与经济协调发展，统筹规划产业布局、城市发展规模和建设时序。联合政府、高校、建筑和信息化等企业，形成政产学研的协同攻关团队，培养一批在CIM技术上具有创新研发能力的高水平人才，为CIM技术高质量发展和应用奠定基础；在CIM产业培育方面，以"新城建"为契机，依托CIM技术发展，由建设、施工、生产、运营、金融等龙头企业组建建设行业智慧化产业联盟。同时，以CIM试点建设项目为起点，立足CIM核心关键技术产业，重点发展CIM在智慧建造、智慧市政设施产业领域的融合应用，构建产业体系—产业生态圈—产业功能区的三级支撑体系，通过产业政策引导和龙头企业带动，依托城市良好的产业基础，促进CIM+智慧应用产业的发展。

此外，要利用"新城建"的建设契机，通过相关项目带动有效投资，培育新的经济增长点，形成发展新动能。CIM平台具有开放性，经授权后可以向政府、企业和学界提供数据接口，成为城市级应用开发的"土地供给"，使得CIM数据能够产生更大的社会和经济价值。

第13章 趋势与展望

从城市的实际需求和目标导向出发,结合CIM的应用发展现状和主要问题,分析智慧城市在未来城市管理中的主要角色,研判CIM平台建设的发展趋势以及需要加强注重的有关内容,引导CIM行业的健康有序发展。

13.1 智慧城市是城市发展必经之路

城市是人类生活和社会发展最重要的承载体,其内涵随着时代发展、科技进步不断丰富和延伸,人们的生活方式也被源于信息技术的创新力量持续影响和改变。特别是随着数字技术深度融入政府管理、百姓民生、公共安全和产业发展等城市活动中,城市已逐步成为物理世界和数字世界融合的综合体,并被赋予了前所未有的内涵,即智慧城市。

智慧城市是现代城市发展的新模式,是指在城市规划、城市建设、城市治理与运营等领域中,充分利用物联网、大数据、云计算、人工智能、区块链等新技术手段,对城市居民生活工作、企业经营发展、政府行政管理过程中的相关活动进行智慧化的感知、分析与集成,从而为市民提供更美好的生活和工作服务,为企业创造更有利的商业发展环境,为政府赋能更高效的运营与管理机制。

城市的发展将从以传统钢筋混凝土为主的物理世界转到以各种ICT新技术为主的数字世界,因此云、大数据、IoT、视频、人工智能将成为智慧城市新的五大基础设施,如何通过这些数字化基础设施的建设和新技术手段实现数据打通及共享,将成为智慧城市建设的关键所在。

在智慧城市的发展完善过程中,要以"结果导向"为中心,体现"创造价值"而不是"为智慧化而信息化"的理念。"结果导向"是指智慧城市建设在城市规划、城市建设、城市运营与治理全价值链过程中,要体现出服务、惠民、兴业的目标;"创造价值"是指智慧城市建设在城市规划、城市建设、城市运营与治理全价值链过程中,要以政府效率、市民体验、企业创新作为检验智慧城市成功与否的标准(图13-1)。

随着政策红利的进一步释放,国内智慧城市产业规模将会迎来快速增长。目前全球已启动或在建的智慧城市达1000多个,从在建数量来看,中国居于首位,智慧

图13-1　智慧城市建设价值链

城市由概念规划期进入项目建设落地期。在智慧城市建设过程中，CIM技术是其最核心的资产，中国智慧城市产业规模快速增长的同时，意味着CIM产业将迎来指数级增长的需求规模。

但仅仅依靠BIM或者目前已有的CIM建设模式，没有办法完成整个智慧城市的规划和建设，随着物联网、5G、大数据、云计算和区块链技术的普及，实时、海量、并发的时空大数据场景越来越丰富，在这方面，现有的CIM产品架构存在天然的缺陷，已经有一些技术厂商认识到全新CIM架构的价值，并已采用"时空数据库+时空数据引擎+时空网格体系"等技术体系构建全新的CIM系统。

从城市发展角度来看，利用CIM技术将城市的所有资源数字化并连接起来，包括水、电、油、气、交通、公共服务等，进而通过监测、分析和整合各种数据智能化地响应市民的需求，可以在很大程度上降低城市的能耗和成本。CIM技术的应用，可涵盖城市生活各项信息的高速网络，其中信息包括能源供给、空气质量、交通状况等，通过这种machine-to-machine的通信建立起来的城市系统，又能够促进一系列其他应用的发展，从而极大地丰富和便利人们的居住生活。利用CIM技术可对整个城市进行全局实时分析，自动调配公共资源，修正城市运行中的错误，优化城市管理手段，降低管理费用和成本。

13.2　智慧城市带给我们的改变

智慧城市建设将承载人们对美好生活的向往，未来10年内，中国城镇化率有望达到70%，城市（城镇）创造的国民收入占比将达到80%，财政收入贡献占比将达到90%。城市管理水平的高低和发展的质量将对经济整体发展产生重大影响。我国将实现从制造业大国到制造业强国的转变。城镇化带动了相关产业的发展，城市所承担的吃、穿、住、用、行、教育、医疗、创业、就业等方面职能需要政府的全新的引导和管理方式。

智慧城市作为一项巨大的城市服务产品，需要重点提升居民对城市的归属感，提高城市生活品质，促进城市产业经济发展。智慧城市逐步走深向实，未来将重点在体制机制、发展思路、互动形式方面产生跃升。

（1）治理思路改变——从"城市数字化"到"数字化城市"

智慧城市的进一步发展将会导致城市治理在技术和范围上的整体变革，这种变革将可能导致城市管理体制与机制的革新。未来，智慧城市将从城市数字化发展到数字化城市，整个城市在数字领域形成"数字巨系统"，从工业经济、数字经济到智能经济。其中数字经济对工业经济能起到带动作用，由此诞生了工业数字化、工业互联网、数字孪生工厂等。当前中国社会致力于打造数字经济，包含数字化、互联网、物联网、数字孪生四大阶段；智能经济对数字经济也起到了推动作用，比如通过智能装备实现自我数字化，AI网络、AI扫描形成数字孪生。虽然是巨系统，但是抓住其主要矛盾，满足三大目标、服务三大群体、做好长期演进，就能做好智慧城市顶层规划和实施。

（2）阶段重点改变——从"建设智慧城市"到"运营智慧城市"

随着智慧城市的逐步走深向实，除继续下沉外，智慧城市的具体运营方式以及在运营中的如何自我革新成为"重头戏"。一方面，智慧城市投资将会继续加码。智慧城市基础设施如物联网、环境传感器、全光网络、5G全覆盖、人脸识别与物体识别摄像头、智能抄表、车联网等将是智慧城市的重点投向。同时，智慧城市投资将会从物理延伸到数字世界。智慧城市基础设施将不再只是道路、高架桥、水电等，而是承载了城市管理的信息基础设施，这些信息基础设施将与物理基础设施逐步实现物网融合。另一方面，伴随着科技设备的井喷，针对科技设备和数字空间的设计、运营、维护、培训、管理等全流程服务成为重点，如何用好智慧城市将会是下一阶段的重点任务。

（3）互动形式升级——从"人与人的联接"到"万物互联"

万物互联场景下，智慧城市的交互性迈上新台阶，智慧城市各要素之间形成互动新生态。未来，随着智慧城市的进一步发展，将有更多垂直领域应用，从人与人的连接，进化到万物互联。比如医疗行业的健康平台可以在城市医院、疾控系统、社保中心、药店等系统中进行数据互通，从而可以及时分析判断城市中市民的健康状况，制定出城市的健康发展政策并进行重大传染疾病应急指挥。城市生态平台可以对城市环境传感器终端、卫星数据、气象数据、环境监测数据进行综合判断，并分析城市的生态质量，例如通过复杂科学管理手段分析环境生态数据预判雨季城市内涝点并及时做好灾害防范。城市信息平台可以实时分析城市内发生的公共事件及群体反应现状，并及时采取应急措施。

13.3　CIM平台支撑智慧城市创新发展

　　CIM理念自2016年在国内正式提出以来不断升温，已成为新型智慧城市建设的热点，受到政府和产业界的高度关注和认同。与传统智慧城市相比，CIM技术要素更复杂，不仅覆盖新型测绘、地理信息、语义建模、模拟仿真、智能控制、深度学习、协同计算、虚拟现实等多技术门类，而且对物联网、人工智能、边缘计算等技术赋予新的要求，多技术集成创新需求更加旺盛。

　　CIM技术在传统智慧城市建设所必需的物联网平台、大数据平台、共性技术赋能与应用支撑平台基础上，增加了二维、三维一体化，地上地表地下一体化，室内室外一体化，历史现状未来一体化的城市全维度、结构化信息模型，该技术的应用不仅可以对城市建构筑物及部件信息进行全生命周期跟踪和分析，也可以对城市运行进行模拟仿真；不仅具有城市时空大数据平台的基本功能，更重要的是成为在数字空间刻画城市细节、呈现城市体征、推演未来趋势的综合信息载体。毫无疑问，CIM理念的出现为智慧城市建设带来了新思路。

　　（1）采用新型测绘手段助力CIM：快速采集地理信息

　　CIM是实时全映射物理城市的呈现载体和展示窗口，能实现物理空间和数字空间的双向映射，主要利用3D GIS和BIM，共同构建起全空间。3D GIS实现了城市宏观大场景的数字化模型表达和空间分析，BIM则实现了对城市"细胞级"建筑物的物理设施、功能信息的精准表达。实现城市彻底的"数字化"，将涉及海量的数据建模与数据更新。因此，构建CIM还需要运用激光扫描、航空摄影、移动测绘等新型测绘设施，实现对城市地理信息和实景三维数据的快速采集和更新，确保两个世界的实时镜像和同步运行。

　　（2）采集全要素数据助力CIM：精准"描绘"城市发展

　　从数据的类型和范围来看，CIM平台首先要涵盖城市的"全域"，涉及主要政府信息、行业领域信息、第三方社会机构掌握的信息等多元数据，形成城市全域数据。其次，从数据的来源渠道上要体现"全量"的特点，涉及陆地、水域和空中全部维度、全部数量的数据。最后，从数据获取方式来看，考虑到"全时"性特点，需要数字化标识城市的每一个实体，对智能感知终端进行数字化标识后，终端设备具备唯一的全局身份标识，并作为数字模型的唯一索引，便于数据实时采集、反馈，并方便对终端的远程操控。没有全要素的表达，就没有精准的管理。

　　（3）布局"边缘计算+云计算"模式助力CIM：高效处理海量数据

　　通过布置在陆上、水域和空中的智能感知传感器采集到具有时间标识的城市运行数据，反映到CIM中，将静态数字模型升级为可感、动态、在线的立体化数字模型，"边缘计算+云计算"的模式可高效处理整个过程中的海量数据。

边缘计算部署在各类智能感知设备上，通过初步计算进行数据过滤，完成对数据的第一步清洗，利用云计算的虚拟、分布等特点，形成大规模、群体的计算能力。将通过"边缘计算+云计算"之后的计算结果输入到数据处理中心，进行价值化定义，输出所需要的决策结果。

（4）利用机器学习算法助力CIM：推动城市自我学习智慧成长

在CIM中应用机器学习算法（人工智能），实现对城市的整体认知，实时处理人所不能理解的超大规模全量多源数据。在具体运作过程中，首先，通过输入的方式，实现有效采样、模式识别、行动指南和规划决策；其次，将人类智能和机器学习算法（人工智能）相结合，把专业经验和数据科学有机融合，洞悉人所没有发现的城市复杂运行规律和自组织隐性秩序；再者，机器学习算法（人工智能）通过迭代演进，不断优化，提升智能算法执行的效率和性能，保证数据决策的有效性和高效性，制定超越局部次优决策的全局最优策略，形成城市层面的全局统一调度与协同，使城市自然资源、道路资源、电力资源、医疗资源、政务资源、警力资源等得以及时调配，问题得以快速处置。最终实现通过物理城市和数字城市虚实互动，不断交换数据和传递指令，在数字世界仿真，在物理世界执行，使城市运行不断优化，向高度有序化演进。

（5）应用区块链技术助力CIM：让城市更智能、更诚信

CIM的应用，必将推动建筑行业快速从BIM1.0迈进BIM2.0，并最终到达BIM3.0的愿景。但BIM等级的提升也会带来一定的问题，如合同纠纷、知识产权泄露、安全性风险等，区块链技术可能是解决这些问题的钥匙之一，主要原因为：

记录不可更改：根据BIM3.0的要求，BIM模型需要分享，不可避免地会面临建立模型之前的记录被删除或被恶意篡改的风险。运用区块链技术，使得拥有者和后来者都无法删除或篡改曾经做过的任何记录。同时，由于区块链技术记录了项目从无到有的整个过程，也使得项目更加透明，避免了合同纠纷等问题。

模型、数字构件的拥有权和知识产权的证明：模型和数字构件一旦共享给其他不同专业或不同公司，就容易产生拥有权和知识产权的问题。使用区块链技术，可以给每个构件和模型赋予一个地址并记录在区块链上。如某个暖通设计师建立了一个空气处理器的族，并赋予其区块链中一个特定地址，后来者只能看到该族，但无法修改和占有该族，如需使用，就必须向拥有者申请。

将模型与实物链接：在施工过程中，区块链技术可以将BIM中的构件与实物进行链接。实物在工厂生产过程中添加一个可以连接互联网的微芯片，并且与已存在区块链的BIM相通。这样一方面可以记录实物的位置，同时也将实物的数量和BIM

相对应，提高了施工的供应链管理。过去虽然也使用WSN（无线传感器网络）技术记录实物，但是由于WSN技术是非去中心化的，所以还会面临安全问题，而区块链技术可以解决这个问题。

13.4　CIM全社会应用设想

有些国家把城市建筑物的BIM建模上升到国家战略，类似于我们过去国家测绘局开展的数字城市空间框架（NSDI，国家空间数据基础设施）与智慧城市时空信息云平台。同样我们也应高度重视BIM技术与城市建设管理的深度融合与发展，从NSDI向NBII（国家信息基础设施建设，National Building Information Infrastructure）持续迈进。

未来CIM平台的应用，将由支撑"新城建"（新型城市基础设施建设）对接新基建工作，逐渐向全面提升城市建设水平和运行效率方面提高。新城建的七项任务包括①全面推进城市信息模型（CIM）平台建设；②实施智能化市政基础设施建设和改造；③协同发展智慧城市与智能网联汽车；④建设智能化城市安全管理平台；⑤加快推进智慧社区建设；⑥推动智能建造与建设工业化协同发展；⑦推进城市综合管理服务平台建设，推动CIM在其他领域的智慧应用，加速推动城市治理和各行业领域应用创新发展，包括住房和城乡建设、水务、交通运输、应急管理、消防、城市管理、工业信息化、环境保护、公共安全、教育、林业园林、公共卫生、文化旅游以及商务等各行业和领域，带动自主可控技术应用和相关产业发展，逐步实现市级CIM平台与国家级、省级CIM平台的互联互通，建成统一的、依行政区域和管理职责分层分级的CIM平台，全面提升各地城市科学化、精细化、智能化治理水平，最终实现CIM的全社会应用构想。

参考文献

［1］Simonelli L，Amorim A L D. City Information Modeling: general aspects and conceptualization［J］. American Journal of Engineering Research，2018，7，319-324.

［2］Wang B，Tian Y. Research on Key Technologies of City Information Modeling［C］//IOP Conference Series：Earth and Environmental Science. IOP Publishing，2021，693（1）：012129.

［3］季珏，汪科，王梓豪，等. 赋能智慧城市建设的城市信息模型（CIM）的内涵及关键技术探究［J］. 城市发展研究，2021，28（3）：65-69.

［4］Xu X，Ding L，Luo H，et al. From building information modeling to city information modeling［J］. Journal of information technology in construction，2014，19：292-307.

［5］吴志强，甘惟. 转型时期的城市智能规划技术实践［J］. 城市建筑，2018（3）：26-29.

［6］吴志强，甘惟，臧伟，等. 城市智能模型（CIM）的概念及发展［J］. 城市规划，2021，45（4）：106-113，118.

［7］Mostafa A B E，Ibrahim M，Ihab Y A E. Building Construction Information System Using GIS［J］. Arabian Journal for Science and Engineering，2016，41（10）：3827-3840.

［8］Lee S H，Park S I，Park J. Development of an IFC-based data schema for the design information representation of the NATM tunnel［J］. KSCE Journal of Civil Engineering，2016，20（6）：2112-2123.

［9］Wei X，Bonenberg W，Zhou M，et al. The case study of BIM in urban planning and design［C］//International Conference on Applied Human Factors and Ergonomics. Springer，Cham，2017：207-217.

［10］Elsheikh A，Alzamili H，Al-Zayadi S K，et al. Integration of GIS and BIM in Urban Planning-A Review［C］//IOP Conference Series：Materials Science and Engineering. IOP Publishing，2021，1090（1）：012128.

［11］Eadie R，Browne M，Odeyinka H，et al. BIM implementation throughout the UK construction project lifecycle：An analysis［J］. Automation in Construction，2013，36：145-151.

［12］Peterson F，Hartmann T，Fruchter R，et al. Teaching construction project management with BIM support：Experience and lessons learned［J］. Automation in Construction，2011，20（2）：115-125.

［13］Latiffi A，Mohd S，Kasim N，et al. Building information modeling（BIM）application in Malaysian construction industry［J］. International Journal of Construction Engineering and Management，2013，2（4A）：1-6.

［14］Ji Y，Chang S，Qi Y，et al. A BIM-based study on the comprehensive benefit analysis for prefabricated building projects in China［J］. Advances in Civil Engineering，2019.

［15］Bataglin F S，Viana D，Formoso C T，et al. Application of Bim for Supporting Decisionmaking Related to Logistics in Prefabricated Building Systems［C］// Proceedings of the 25th Annual Conference of the International Group for Lean Construction, Heraklion, Greece，2017：9-12.

［16］Wang B，Li H，Rezgui Y，et al. BIM based virtual environment for fire emergency evacuation［J］. The Scientific World Journal，2014.

［17］Rüppel U，Schatz K. Designing a BIM-based serious game for fire safety evacuation simulations［J］. Advanced Engineering Informatics，2011，25（4）：600-611.

［18］李德仁. 论RS，GPS与GIS集成的定义、理论与关键技术［J］. 遥感学报，1997（1）：64-68.

［19］Kavouras M，Masry S. An Information System for Geosciences［C］//Proceedings of 8th International Symposium on Computer Assisted Cartography，Baltimore，1987：336-345.

［20］李俊锋，张养安，阮林林. 三维GIS在国内外现状分析研究［J］. 杨凌职业技术学院学报，2014，13（3）：1-4.

［21］Toru I. Activities and technologies in digital city kyoto［J］. Lecture Notes in Computer，2003，166-187.

［22］宁焕生，徐群玉. 全球物联网发展及中国物联网建设若干思考［J］. 电子学报，2010，38（11）：2590-2599.

［23］王胜烽，王晓涧. 国内外物联网技术的发展及应用［J］. 无线互联科技，2017（1）：23-24.

［24］陈庆涛，邓敏. 国内外空间信息基础设施建设进展及其应用中的启示［J］. 测绘通报，2014（7）：1-5.

［25］张永民. 解读智慧地球与智慧城市［J］. 中国信息界，2010（10）：23-29.

［26］Rocco P，Carmela G，Adriana G. Towards an urban planners' perspective on Smart City［J］. TeMA：Journal of Land Use，Mobility and Environment，2013，6（1）：

5-17.

［27］Singapore Launches iN2015：Innovation, integration and internationalization［J］. Journal of E-Governance，2011，35（1）：6-8.

［28］Kristian K，Oliver S，Carlo R. Enabling the real-time city: LIVE Singapore!［J］. Journal of Urban Technology，2012，19（2）：89-112.

［29］Khemlani L. Autodesk university 2007［EB/OL］. http://www.aecbytes.com/newsletter/2007/issue _91. html，2007.

［30］Dantas H S，Sousa J M M S，Melo H C. The importance of City Information Modeling（CIM）for cities' sustainability［J］. IOP Conference Series Earth and Environmental Science，2019.

［31］郭仁忠，林浩嘉，贺彪，等. 面向智慧城市的GIS框架［J］. 武汉大学学报（信息科学版），2020，45（12）：1829-1835.

［32］刘燕，金珊珊. BIM+GIS一体化助力CIM发展［J］. 中国建设信息化，2020（10）：58-59.

［33］季珏，汪科，王梓豪，等. 赋能智慧城市建设的城市信息模型（CIM）的内涵及关键技术探究［J］. 城市发展研究，2021，28（3）：65-69.

［34］许镇，吴莹莹，郝新田，等. CIM研究综述［J］. 土木建筑工程信息技术，2020，12（3）：1-7.

［35］李德仁，姚远，邵振峰. 智慧城市中的大数据［J］. 武汉大学学报（信息科学版），2014，39（6）：631-640.

［36］金程，沙默泉，郭中梅，等. 基于CIM的智慧园区建设探析［J］. 信息通信技术与政策，2020（11）：34-38.

［37］何家仪. 香港沙头角污水厂扩建工程的智慧管理及信息化建设［J］. 中国给水排水，2021，37（2）：72-77.

［38］赵恩国，贾志永. 物联网在城市管理中的应用和影响研究［J］. 生态经济，2014，30（10）：122-126，131.

［39］陈燕. 三维地理信息融入智慧园区建设的应用研究［J］. 测绘通报，2015（S1）：192-195.

［40］Xue F，Wu L，Lu W. Semantic enrichment of Building and City Information Models: A ten-year review［J］. Advanced Engineering Informatics，2021，47：101245.

［41］张新长，李少英，周启鸣，等. 建设数字孪生城市的逻辑与创新思考［J］. 测绘科学，2021，46（3）：147-152，168.

［42］刘先林. 为社会进步服务的测绘高新技术［J］. 测绘科学，2019，44（6）：1-15.

［43］张帅，王颂，赵林杰，等. 一种GIS设备的数字孪生体的构建方法、装置及存储介质［P］. 广东省：CN112084675A，2020–12–15.

［44］Park J，Yang B. GIS–Enabled digital twin system for sustainable evaluation of carbon emissions：A case study of jeonju city，South Korea［J］. Sustainability，2020，12（21）：9186.

［45］肖涵，温建敏，牛春光，等. 基于虚幻引擎的数字孪生城市空间定位方法、装置及存储介质［P］. 江苏省：CN112632683A，2021–04–09.

［46］韩亮亮，孟炜，赵峰，等. 一种基于BIM和GIS技术的数字孪生数据驱动系统［P］. 天津市：CN111950066A，2020–11–17.

［47］董道国，方瑾，来永政，等. 基于BIM和GIS数据集成构建空间语义数据库的方法［P］. 上海市：CN112527944A，2021–03–19.

［48］Pan Z，Shi J，Jiang L. A novel HDF–based data compression and integration approach to support BIM–GIS practical applications［J］. Advances in Civil Engineering，2020（21）：1–22.

［49］高常水，许正中，王忠. 我国物联网技术与产业发展研究［J］. 中国科学基金，2012，26（4）：205–209.

［50］李璐颖. 基于城市信息模型（CIM）的新型智慧城市平台建设——以广州市为例［J］. 智能城市，2021，7（3）：35–36.

［51］Thompson E M，Greenhalgh P，Muldoon–Smith K，et al. Planners in the future city：Using city information modelling to support planners as market actors［J］. Urban Planning，2016，1（1）：79–94.

［52］Ungureanu T. The potential of City Information Modeling（CIM）in Understanding and Learning from the Impact of Urban Regulations on Residential Areas in Romania［C］// Conference proceedings of》eLearning and Software for Education《（eLSE）."Carol I" National Defence University Publishing House，2019，1（15）：422–428.

［53］Dantas H S，Sousa J，Melo H C. The importance of city information modeling（CIM）for cities' sustainability［C］//IOP Conference Series：Earth and Environmental Science. IOP Publishing，2019.

［54］张平. 2D GIS和3D GIS的城市规划辅助决策系统［J］. 测绘通报，2018（9）：130–134.

［55］靳海亮，李留磊，袁松鹤，等. 基于EV–Globe的虚拟漫游系统设计［J］. 计算机与数字工程，2016，44（12）：2411–2418.

［56］朱庆. 三维GIS及其在智慧城市中的应用［J］. 地球信息科学学报，2014，16

（2）：151–157.

［57］王星捷，郭科，张廷斌，等. 新一代移动三维GIS平台研究［J］. 测绘通报，2021（4）：85–89.

［58］张磊，王书旺，杨红兵，等. 基于WebGL的三维可视化展现系统及数据可视化方法［P］. 湖北省：CN112256790A，2021–01–22.

［59］周昇. GIS在英国等欧洲国家及中国城市规划管理中的应用［J］. 国外城市规划，2001（3）：5–9.

［60］戴祯. 采用GIS技术实现湛江市规划用地红线的数字化管理［J］. 测绘通报，2019（S2）：285–288，292.

［61］龙小凤，姜岩，杨斯亮. 大西安区域历史地理信息共享服务平台设计与应用［J］. 规划师，2019，v.35；No.297（21）：33–39，47.

［62］陆琴新，秦芹，陈嗣栋，等. 基于CAD/GIS集成的规划管理信息系统设计与实现［J］. 规划师，2012（8）：60–63.

［63］李东峰，沈川，胡茂伟. 杭州余杭区多层次规划一张图与数据更新的实践［J］. 规划师，2016，32（11）：39–44.

［64］尹继鑫，贾国龙，郭德福. 西宁市三维辅助规划审批系统应用浅析［J］. 城市勘测，2017（5）：106–109.

［65］胡荣强，李浩鸣，张建伟，等. 一种三维规划辅助审批系统及方法［P］. 天津市：CN112256815A，2021–01–22.

［66］李德仁，姚远，邵振峰. 智慧城市中的大数据［J］. 武汉大学学报（信息科学版），2014，39（6）：631–640.

［67］陈燕. 三维地理信息融入智慧园区建设的应用研究［J］. 测绘通报，2015（S1）：192–195.

［68］张新长，李少英，周启鸣，等. 建设数字孪生城市的逻辑与创新思考［J］. 测绘科学，2021，46（3）：147–152，168.

［69］郭仁忠，林浩嘉，贺彪，等. 面向智慧城市的GIS框架［J］. 武汉大学学报（信息版），2020，45（12）：1829–1835.

［70］张芳芳，沈少青，陈学业，等. 智慧城市规划云平台的设计与实现［J］. 测绘通报，2019（1）：123–126.

［71］陈光，薛梅，胡章杰，等. 轨道交通GIS+BIM三维数字基础空间框架［J］. 测绘通报，2019（S2）：262–266.

［72］Salazar–Carrillo J，Torres–Ruiz M，Davis C A Jr，et al. Traffic Congestion Analysis Based on a Web–GIS and Data Mining of Traffic Events from Twitter［J］. Sensors,

2021，21（9）：2964.

［73］Xu S. Three-dimensional visualization algorithm simulation of construction management based on GIS and VR technology［J］. Complexity，2021.

［74］何家仪. 香港沙头角污水厂扩建工程的智慧管理及信息化建设［J］. 中国给水排水，2021，37（2）：72-77.

［75］赵恩国，贾志永. 物联网在城市管理中的应用和影响研究［J］. 生态经济，2014，30（10）：122-126，131.

［76］金程，沙默泉，郭中梅，等. 基于CIM的智慧园区建设探析［J］. 信息通信技术与政策，2020（11）：34-38.

［77］陈燕. 三维地理信息融入智慧园区建设的应用研究［J］. 测绘通报，2015（S1）：192-195.

［78］宫艳雪，武智霞，郑树泉，等. 面向智慧社区的物联网架构研究［J］. 计算机工程与设计，2014，35（1）：344-349.

［79］陈大顺. 一种基于物联网的社区智慧服务系统［P］. 北京市：CN112700359A，2021-04-23.

［80］彭永光. 一种基于物联网技术的智慧社区安全事件处理方法及系统［P］. 湖北省：CN106780250B，2021-01-26.

［81］陈玉婷，梅洪元. 基于IoT技术的智慧养老建筑体系研究——以日本为例［J］. 建筑学报，2020（S2）：50-56.

［82］张新长，李少英，周启鸣，等. 建设数字孪生城市的逻辑与创新思考［J］. 测绘科学，2021，46（3）：147-152，168.

［83］李欣，刘秀，万欣欣. 数字孪生应用及安全发展综述［J］. 系统仿真学报，2019，31（3）：385-392.

［84］王永海，姚玲，陈顺清，等. 城市信息模型（CIM）分级分类研究［J/OL］. 图学学报：1-10［2021-10-24］. http://kns.cnki.net/kcms/detail/10.1034.T.20210603.1340.004.html.

［85］高奇琦，阙天南. 区块链在城市治理中的空间与前景［J］. 电子政务，2020（1）：84-91.

［86］袁煜明，王蕊，张海东. "区块链+数字孪生"的技术优势与应用前景［J］. 东北财经大学学报，2020（6）：76-85.

［87］杨德钦，岳奥博，杨瑞佳. 智慧建造下工程项目信息集成管理研究——基于区块链技术的应用［J］. 建筑经济，2019，40（2）：80-85.

［88］吴明贵. 一种基于物联网和区块链的区域交通疏导系统［P］. 福建省：

CN110796855A，2020-02-14.

［89］崔英博，徐涵，杨迪，等. 一种基于区块链技术的智慧城市路边停车管理系统［P］. 湖南省：CN112489484A，2021-03-12.

［90］陈金山，夏晶婷. 基于CIM与区块链的智慧城市水域垃圾密度检测方法［P］. 北京市：CN111611949A，2020-09-01.

［91］龙承念. 区块链赋能可信智能物联网：现状及挑战［J］. 城市轨道交通，2020（3）：8-10.

［92］史锦山，李茹. 物联网下的区块链访问控制综述［J］. 软件学报，2019，30（6）：1632-1648.

［93］吴昊，彭正洪. 城市规划中的大数据应用构想［J］. 城市规划，2015，39（9）：93-99.

［94］秦晓燕. 大数据及其智能处理技术在物联网产业中的应用［J］. 现代信息科技，2019，3（24）：173-175.

［95］周磊，张玉峰. 融合物联网与数据挖掘的物流信息处理与分析［J］. 图书馆学研究，2017（6）：61-65.

［96］梁应敞，曹阳. 一种基于无人机的物联网系统数据收集方法［P］. 四川省：CN110380776A，2019-10-25.

［97］肖振宇，刘岩铭，刘凯. 一种无人机辅助的高能效物联网数据收集方法［P］. 北京市：CN112153593A，2020-12-29.

［98］徐鹤，吴昊，李鹏. 面向物联网的时空数据处理算法设计［J］. 计算机科学，2020，47（11）：310-315.

［99］刘亚杰，丁克良，王来阳，等. 基于物联网的智能化水准数据处理云平台［J］. 测绘通报，2018（S1）：283-288.

［100］汪莉莉. 数据赋能—探索革新之路［J］. 中国建设信息化，2019（8）：17-19.

［101］陈平，刘臻. 智慧校园的物联网基础架构研究［J］. 武汉大学学报（理学版），2012，58（S1）：141-146.

［102］Napolitano R，Reinhart W，Gevaudan J P. Smart cities built with smart materials［J］. Science，2021，371（6535）.

［103］党安荣，甄茂成，王丹，等. 中国新型智慧城市发展进程与趋势［J］. 科技导报，2018，36（18）：16-29.

［104］龚健雅，张翔，向隆刚，等. 智慧城市综合感知与智能决策的进展及应用［J］. 测绘学报，2019，48（12）：1482-1497.

［105］韩清莹. 智慧城市管理共享系统的设计与实现［J］. 测绘通报，2018（10）：

131–134.

［106］方泽波，万能. 一种基于物联网的消防信息管理平台设备［P］. 浙江省：
CN112216059A，2021–01–12.

［107］徐晨旭. 一种基于物联网实现的社区社交信息平台［P］. 河南：
CN108446994A，2018–08–24.

［108］王艳，张俊林，周丽. 疫情环境下医疗废物的信息化储运策略研究［J/OL］.
环境工程：1–11［2021–05–09］. http://kns.cnki.net/kcms/detail/11.2097.x.20210303.
1016.002.html.

［109］刘浩，邹玲. 基于互联网+的智慧型医养新模式探讨［J］. 中国医院管理，
2018，38（5）：56–57.

［110］张子恺. 基于"BIM+物联网"的多模块施工信息管理平台探索［J］. 建筑施工，
2020，42（7）：1306–1308，1316.

［111］陈伟伟，李俊霆，陈科宇，等. 结合传感器网络及RFID的新物联网信息平台
［P］. 广东省：CN109831471A，2019–05–31.

［112］施海斌. 基于CIM的智慧城市运维管理平台［P］. 浙江省：CN109886838A，
2019–06–14.

［113］石潇，钟琳，刘娴. 城市信息模型CIM平台在广州城市更新改造中的应用——
以金洲、冲尾自然村更新改造为例［J］. 城市建筑，2020，17（23）：9–12.

［114］Bi T，Zhou F，Yang X，et al. Research on the Construction of City Information
Modelling Basic Platform Based on Multi–source Data［C］//IOP Conference Series:
Earth and Environmental Science. IOP Publishing，2021，693（1）：012021.

［115］章豪，高立成，徐刚，等. 基于CIM技术的数字孪生时空大数据平台［P］. 浙
江省：CN112634110A，2021–04–09.

［116］包世泰，韦秋月，韩勤，等. 一种基于对象模型化配置的巡查采集方法［P］.
广东省：CN108154569B，2021–02–12.

［117］赵渺希，黄俊浩，林艳柳，等. 一种基于互联网词频的城市认知地图生成方法
［P］. 广东：CN105574259A，2016–05–11.

［118］赵渺希，顾沁，贾锐澜，等. 一种基于网络图片的建成环境景观特征识别方法
［P］. 广东：CN104933229A，2015–09–23.

［119］陈顺清，陈彪，彭进双，等. 一种基于BIM和GIS的参数化结构化建模设计方法
［P］. 广东：CN108170980A，2018–06–15.